新世代の観光立国

令和世代への課題と展望

JAPAN NOW観光情報協会 編著

交通新聞社

新世代の観光立国－令和世代への課題と展望－
の刊行にあたって

　JAPAN NOW観光情報協会は、平成13(2001)年4月に東京都知事から認証を受けて設立された特定非営利活動法人(NPO)で、観光振興、都市再生、環境保全をその活動の主たる目的として活動しています。当時、小泉政権下で観光立国宣言が行われ、21世紀は観光の世紀ととらえて、観光を欧米のように基幹産業として育成するために啓蒙活動をしてきました。今や、東京2020年オリンピック・パラリンピック競技大会には、4000万人の外国人訪問客が期待され、観光の新たな形や問題が協議されています。

　この度、当協会では、日ごろセミナー等を通じて活動されている、須田寛氏、近藤節夫氏、北村嵩氏、澤田利彦氏、杉行夫氏の5名の会員の共著として令和の時代に観光はどうあるべきかをまとめました。

　観光事業は移動手段である鉄道や航空などの運輸業、滞在手段であるホテル、旅館などの宿泊業、旅行商品を販売する旅行業や旅行者を楽しませる飲食業や観光施設だけでなく、地域の文化資源や自然資源、観光資源を開発して観光客を誘致し、地域を活性化する役割を担い、多岐にわたるものです。また地域の日常生活が他の地域の人には新鮮で学ぶことの多い観光資源にもなり、名所旧跡を巡るだけでなく、未知の人たちと交流して心を豊かにする活動であり、何よりも、平和の上に成立するものです。

　高度情報社会である現代は、誰もが情報を発信し、また情報を簡単に入手できるため旅行情報は氾濫しています。格安航空会社LCCにより海外旅行の費用も廉価になり誰もが簡単に旅行が可能

です。しかしながらインスタ映えする景色を撮影し、珍しいものを爆買いするのではなく、地域の歴史や文化を理解し、人々と交流することによる感動が持続するような観光産業を育成することが本協会の使命でもあります。

現代のメディアであるインターネットは、情報を得るために積極的にアクセスする人にはピンポイントで的確な情報を与えますが、興味のない人は情報も知識も増えません。

日常生活で、無意識のうちに目に入る雑誌、書籍、広告などを媒体として、観光と言う宝が人々の興味を喚起することも重要と考え、紙媒体の出版も事業としています。

本書は観光業に長年携わりその豊富な識見と貴重な経験を通じて書き下ろしたものであり、観光現場および教育現場での利用にも役立ちますので読者の方々が、貴重な情報を得てくださることを祈念しております。

令和元年8月
　　　　JAPAN NOW観光情報協会理事長　　大島　愼子

新世代の観光立国●目次

「新世代の観光立国」の刊行にあたって …………………… 大島愼子

第1部 「令和」の〝観光立国〟………………………… 須田　寛

Ⅰ　新世代の〝観光立国〟－その動機 ………………………9

　　1．最近の観光動向から　10

　　2．観光ニーズの変化から　16

Ⅱ　新世代の〝観光立国〟－その前提 ……………………21

　　1．観光の意味と役割　24

　　2．「観光」の構造（私見）　27

Ⅲ　新世代の〝観光立国〟－その展開 ……………………33

　　1．観光の国際競争力強化をめざして　34

　　2．観光資源の再開発　魅力再発見をめざして　50

Ⅳ　新世代の〝観光立国〟－その安全 ……………………63

　　1．観光（移動）中の安全確保　64

　　2．災害対策について　65

　　3．大規模災害発生時の安全確保について　66

Ⅴ　新世代の〝観光立国〟－その指標 ……………………71

　　1．情報の量的・質的充実　72

　　2．観光統計の整備　75

　令和の〝観光立国〟へ　「私の提言」………………………80

第2部　日本の観光の現状と課題

Ⅰ　観光のあゆみ ………………………………………… 近藤節夫

　　1．「旅」が生まれた経緯　92

　　2．日本人の「旅」と観光　103

Ⅱ　インバウンド4000万人超えへの展望と課題 ………… 北村　嵩

1．インバウンドの現状と見通し　132

2．インバウンド4000万人超えの効果　135

3．インバウンド4000万人時代の課題　138

4．災害時の外国人旅行者への対応　151

5．国際観光旅客税と宿泊税　157

オーバーツーリズムに対する海外事例　161

Ⅲ　平成から積み残した観光日本の課題 ………………… 澤田利彦

1．ゴミ屋敷問題　171

2．騒音公害問題　172

3．花粉症の震源地・荒廃した奥多摩人工林の放置問題　173

4．景観保存・修復　175

5．遅々として進まない無電柱化　177

6．シェアリング・エコノミーの世界的な台頭への対応　178

7．海外における観光日本のブランド力アップ　179

Ⅳ　日本の住居表示の問題点 ……………………………… 杉　行夫

1．日本の住居表示　184

2．外国の住居表示　191

3．「街区方式」と「道路方式」の実際　198

4．世界標準をめざして　199

あとがき

第1部 「令和」の〝観光立国〟

―須田　　寛―

Ⅰ　新世代の〝観光立国〟―その動機
Ⅱ　新世代の〝観光立国〟―その前提
Ⅲ　新世代の〝観光立国〟―その展開
Ⅳ　新世代の〝観光立国〟―その安全
Ⅴ　新世代の〝観光立国〟―その指標

────・────・────

令和の〝観光立国〟へ　「私の提言」

Ⅰ 新世代の〝観光立国〟─その動機

1. 最近の観光動向から ……………………………………10
  ①国内観光の国際化─国際市場への参入　12
  ②観光資源の(再)開発へ　12
  ③「観光(支援)基盤」の整備(再構築)へ　15
2. 観光ニーズの変化から …………………………………16
  ①観光形態の変化　17
  ②情報(媒体)の変化　17

1．最近の観光動向から

　国は経済成長戦略の柱として、また国際相互交流をめざして観光施策を推進するべく〝観光立国〟を旗印に内外観光の振興を国民運動として展開してきた。昨年、外国人訪日旅行者数は3000万人の大台をこえ3119万人に達した。また長期低迷が続いている邦人観光客（国内観光の８割強を占める）の動きも地域差はあるものの活気を取り戻しつつある。とくに外国人客は邦人のそれに比べ滞在日数、消費額、行動範囲がはるかに大きく、仮に延べ観光量ともいうべき指標があるならば、人数比をこえる約３割近いシェアを既に持つとみられる。このような外国人観光客の急増は国内の主要観光地の様相を一変させつつあるといっても過言ではなく、国内の観光に大きい構造変化をもたらしつつあるといえよう。即ち、日本の国内観光は急速に国際観光市場に参入しつつあり、今後の動向は国際情勢、なかんずく国際経済動向の影響を強く受けることが避けられない状況となった。

　一方、最近の国内観光客は再訪客、即ちリピーターの増加が目立つようになった。既に訪日外国人観光客の半数以上はリピーターとみられ、国が観光数値目標のなかでリピーターの割合が６割（2020年2400万人）と推定しているほどである。また邦人観光客も修学旅行の普及（実施率、参加率ともに小中校では90％をこえる）、万国博開催やたびたびの観光ブームを経過したこともあって、主要観光地ではほとんどの観光客がリピーターとみられる（**図１－１、表１－１**）。このような観光経験の変化は観光客にとって観光資源の価値逓減につながる。今後、持続的観光を展開するためには観光の中核ともいうべき観光資源のあり方、とくに従来型の観光行動、手法等に抜本的見直しが求められることになる。

Ⅰ 新世代の〝観光立国〟—その動機

●図1−1　日本人海外旅行者数及び訪日外国人旅行者数の推移

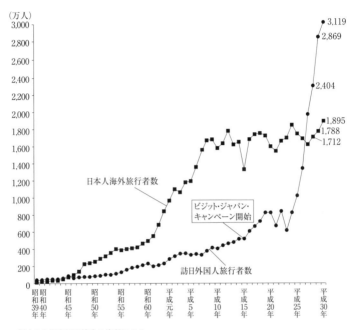

(注)日本観光振興会の資料による

●表1−1　新たな(観光)目標(2020年、2030年対比)

	2020年(令和2年)	2030年(令和12年)
訪日外国人旅行者数	4000万人(×2)	6000万人(×3)
訪日外国人旅行消費額	8兆円(×2)	15兆円(×4)
地方部での外国人延べ宿泊数	7000万人泊(×3)	1億3000万人泊(×5)
外国人リピーター数	2400万人(×2)	3600万人(×3)
日本人国内旅行消費額	21兆円(最近5年間平均の約5％増)	22兆円(同左約10％増)

×＝平成28年値の倍率を示す

最近の日本の観光は構造変化を伴う新しい段階に入ったと考えられ、東京オリンピック開催を明年にひかえ、5月から「令和」と改元新世代に入ったのを機に、日本の観光も今まさに〝新世代〟にふさわしい新しい施策による、以下のような新しい展開が求められているといえよう。

①国内観光の国際化―国際市場への参入

　日本国内の観光は本格的に国際観光市場のなかに参入することになった。そこでは既に激しい国際競争が展開されている。とくに欧州主要国とアジアでは中国等の観光活動（観光客誘致を中心に）が既にそれぞれの国をあげて強力に展開されている。このため日本への外国人客誘致等による国内観光の活性化、さらに邦人の海外渡航（観光）客の増加をはかり、日本の観光が国際観光市場で優位を占めるための努力が必要である。そのためには、日本の持つ総合的な観光力をさらに強化して観光の国際的競争力の涵養が必須である。とくに入出国手続きの簡素化、観光（客）の誘致とその経済効果を受け止めるための観光産業の改革（とくに物販、宿泊、供食、旅行業など）が急を要する。

（例）・宿泊業への規制見直しによる宿泊業界の新秩序構築
　　　・観光産業の古い商慣習と経営手法からの脱皮
　　　・観光への人的能力の効果的活用と人材育成（IT技術の導入等）
　　　・旅行業の海外での活動強化　等
　　　（注）詳細は（Ⅲ）で記述する

②観光資源の（再）開発へ

　リピーターの増加、即ち観光客の観光経験の変化に対応して、

Ⅰ 新世代の〝観光立国〟─その動機

観光資源の見直し、(再)開発が必要である。リピーターにとって観光資源の価値は初訪問時に比べ逐次逓減していくことは避けられない。このため観光資源の新規開発がまず求められる。どの地域にも観光資源候補は多く潜在しているので、その発掘、とくにストーリーの構築・情報発信によって新しい資源としていくことが必要である。

外国人観光客で賑わう飛騨高山の宮川朝市

●図1-2 "新しい観光"の体系(例示)

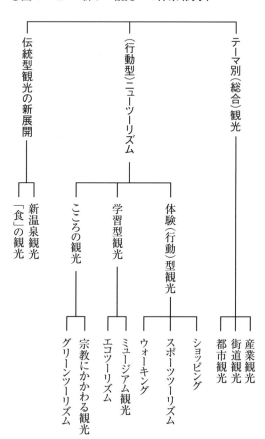

I 新世代の〝観光立国〟─その動機

　さらに既存の観光対象（資源）にあっても、観光資源への①アクセス（視点等）を変えることにより、また②異なった角度から観光対象に接することによって、従来隠れていた魅力をそこから引き出すことができる筈である。即ち、既存観光資源の多角化への努力である。また観光の③広域化、ネットワーク化によって複数の観光資源の連携も必要である。これによって資源間の相互補完効果が生じ、同一資源の価値がより高く再認識される場合が多い。このように観光客が絶えず新しい「光」に接し得るよう努めることが必要だ。そして新しい観光手法、視点等をとることについて観光客も自ら努力し、また観光客には絶えず新しい観光への提案を観光（着）地側からもしていかなければならないと考えられる（図１─２）。

（例）・テーマ別観光の展開─産業観光・街道観光・都市観光　等
　　　・スポーツツーリズム、グリーンツーリズム等、いわゆるニューツーリズムの展開
　　　・観光資源の連携・補完のため新しいモデルコース・ストーリーの発表等
　　　（注）詳細は（Ⅲ）で記述する。

③「観光（支援）基盤」の整備（再構築）へ

　観光の構造変化に対応するためさらに、前掲①、②の諸施策を展開するため観光インフラ（とくに交通、情報システム）の整備が急務である。観光の特定地域への集中に伴うオーバーツーリズム現象を解消するため、観光客の行動範囲をひろげ、国土全体にわたる広域観光（観光の集中緩和）を展開するためにも観光インフラ整備が不可欠である。

（例）・２、３次輸送も含む交通インフラ整備（広域観光への対応）

・観光地ごとに最適の総合観光交通システム(Maas)構築とその活用等により単なる競争からの脱皮、各交通手段の連携による特性の活用
・情報の量的・質的充実とその円滑な流通
・観光情報システムの日常生活(行動)様式との連携

このような諸施策の展開によって〝観光立国〟効果を高めるため現在の特定地域への過度の集中からの是正をめざす官民の連携による幅広い、いわばオールジャパンにわたる「汎日本観光」の実現が新世代国内観光の目標となろう。

2. 観光ニーズの変化から

日本観光振興協会等の調査によると、近年の観光形態、観光ニーズにも大きい変化がみられる。このニーズに適確に対応することが新世代の観光(施策)展開にまず求められる。

●図1－3　観光(旅行)参加形態の推移

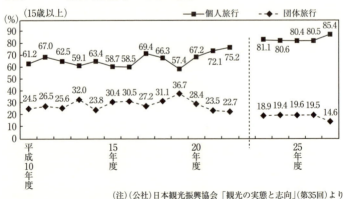

(注)(公社)日本観光振興協会「観光の実態と志向」(第35回)より

Ⅰ　新世代の〝観光立国〟―その動機

①観光形態の変化

　従前の日本観光は団体旅行中心であった。修学旅行も日本独特の制度として定着しており、これを中心として職域団体旅行、企業招待旅行、宗教関係団体旅行が大きいウエイトを占めていた。しかし近年、図1－3にみるように団体旅行が急減し（修学旅行を除く）、小人数のグループ旅行（友人、同好者等の）、さらにはひとり旅―個人旅行のウエイトが増加しつつある。

②情報（媒体）の変化

　これは観光情報受信態様の変化に対応することである。即ち、従前観光について多くの人は旅行会社の店頭から、ないしガイドブック等からその情報を得ていた。従って、多くの観光客が同じ情報のもとで行動してきたといえる。しかも、この情報は発地目線で編集されていた（ガイドブックの出版社や大手旅行会社の本社はほとんど東京にあるため）。このような類似の情報のもとで、自然に観光は団体行動が中心となってきた。さらに旅行会社も競って旅行を交通、宿泊観光施設利用をとりまとめたパック商品として販売した。即ち、ここでも多くの旅行会社主催の団体旅行の増加につながったのである。

　しかし、IT機器の普及等に伴いこの情報受信態様は急速に変ってきた。即ち個人がそれぞれ自らの情報端末を用いて直接情報を得るようになった（図1－4）。このため、それぞれの個人が自らの志向に叶った旅行を選ぶことになり、観光客の行動は個別化かつ多様化していったとみられる。

　このため団体中心の受入体制（大規模宿泊施設による画一的サービス）では顧客の満足が得られなくなったため、受入体制も個人客の好みに応じた選択肢の多い接遇を中心に再構築する必要を

生じている

　このような状況下において新しい元号「令和」の世代を迎えた。「令和」には「心を寄せあうなかから文化が生まれる」との意味があるといわれる。まさに観光の理念にふさわしい新世代の到来である。新世代「令和」の〝観光立国〟推進に当たっては近年の国際観光事情、観光客の観光経験、ニーズの変化にあわせた新し

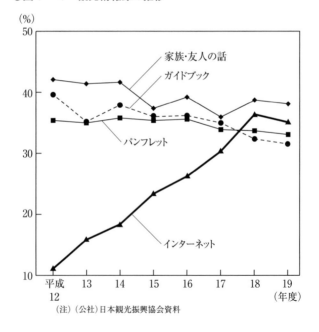

●図1－4　観光情報源の推移

（注）（公社）日本観光振興協会資料

I 新世代の〝観光立国〟―その動機

い観光施策の展開、とくにその受入体制の刷新を実現することが求められる。このため観光にかかわる公的機関、観光団体、企業、住民等の国内全体にわたる幅広い連携協働による官民の総力をあげた努力が前提となる(図1-6)。これによって観光の国際競争力を涵養し、観光産業の改革等を進め〝令和の観光立国〟を実現しなければならない。観光立国への幅広い連携協働こそ令和の観光立国へのキーワードとなろう。

●図1-5　旅行業者数及び旅行業者代理業者数の推移

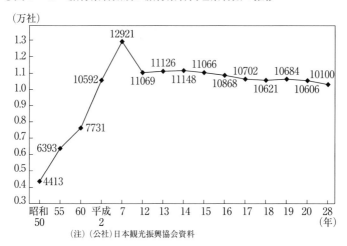

(注)(公社)日本観光振興協会資料

●図1−6　これからの観光に関する取り組み体制(〝DMO〟の役割)

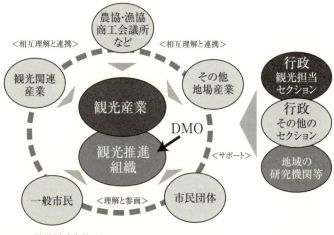

(注)観光庁資料による

DMO(Destination Management/Marketing Organization)とは、観光推進のための地域づくりを実現する戦略を策定し、実施するための調整機能を備えた法人のことであり、「観光地域づくり」(法人)ともいう。

Ⅱ 新世代の〝観光立国〟─その前提

1. 観光の意味と役割 …………………………………… 24
2. 「観光」の構造(私見) ……………………………… 27
　①観光意思　27
　②観光客(観光者)　27
　③観光資源(観光対象)　28
　④観光(支援)基盤　28

筆者が観光にかかわってきたなかで大きいカベにぶつかったの
は愛知万国博を前にして名古屋で「中部広域観光推進協議会」が
設立され、その事務局を担当している時であった。協議会自体は
万国博誘致に努力した地元経済界からの提唱によるものであり、
中部9県の知事会議にもその経緯を説明し、同会議からの全面的
な賛同・支援を得て発足したものであったが、なかなか事業のた
めの拠出金(割当でなく自発拠出としたので)が集まらない。そこ
で筆者が事務局長と共に募金行脚にまわることになった。その際、
次のような声を各所で聞いた。

　「忙しいので観光なんかに関わっているヒマはない」

　「金とヒマのある人に頼んでは…」

　いずれも有力財界人の発言である。

　さらに、某地域経済団体の財務・総務担当の常務理事から「こ
の団体は観光などに金を出す構造にはできていない」とまでいわ
れた時は大きいショックを受けた。即ち、観光は単なる遊びに過
ぎない、ただの消費的行動と誤解されているのである。また観光
が多額の資金循環を地域にもたらす経済活動だという認識も薄い
ことが分かったからである。

　さらに、大観光地に本社のある某有力(国際的)企業からは書面
で「当社は先端産業メーカーであって観光とは無関係であるから
拠出には応じられない」と、まさに三行半を突きつけられたりも
した。

　「観光」のもつ意味役割について驚くほど無理解ないし誤解を
している人々が多く遅々として募金は進まなかった。「私達はも
のづくりに全力をあげ地域経済に貢献をしている。観光などやる
必要はない」という極言もあった。

　「観光」は中国易経に語源のある「国の光を観るは王が賓たる

Ⅱ 新世代の〝観光立国〟─その前提

に用いるによろし」(邦訳)に由来する。即ち儒教の教義を説いた言葉で、地域の「光」(美しいもの、すぐれたもの)を他所の人々に心をこめて誇りをもって観し(見てもらい)、また心をこめてその「光」を観る(学ぶ)ことを意味すると解されている。

　この言葉は江戸時代頃から日本でも用いられるようになったが、明治初期までは原語の意味通り正確に使われていた。明治4年、岩倉具視が団長となって政府が欧米への政治経済視察団を派遣したが、帰国の際提出された報告書の標題は「観光」とあった。また幕末オランダに発注した軍艦は輸入後に「咸臨丸」「観光丸」と命名され、後者は文字通り外国への留学生等の渡航に使われたことからみてもそのことは明らかである。しかし、昭和の戦時体制下に当時の政府(軍部)は「観光」は「不急不要の政策」と断じてその自粛を求めた。また鉄道省の観光局は廃止された(京都の定期観光バスは「聖蹟巡拝バス」と改名させられた)。

　観光は戦後自粛が解除されたが、この際、空白となっていた「観光」の用語を戦後まず使ったのは当時の風俗営業であった。このため「観光」することに何となく後ろめたい行為だとのイメージさえつきまとうようになったのではないかと考えられる。

　このような印象からか、広域観光推進の参加、募金は観光の意味と役割を数十箇所をまわって説明することからやり直さなければならず、1年近くもかかったのである。

　ようやく若干の公的補助も得られるようになり、何とか最低限の目標に近い資金を集めることができて事業は始まった。平成15年頃から国際収支改善のため観光に伴う日本の赤字(年間3.6兆円)解消のため外国人客誘致を推進することが国策としてとりあげられるに至った。このなかで国が観光、とくに国際観光を再評価したことも「観光」への認識を高めることになった。しかし依

23

然として「観光」への正確な理解は国内の多くに行き渡っていないと考えざるを得ない。従って観光について本稿で述べることは、以下の「観光」への正確な理解(観光の意味と役割について)を前提としていることをお断りしておかねばならないと考えた。多くの方々にはまさに「釈迦に説法」であろうが、あえて観光の意味と役割を再確認しておきたいと考え、筆者の経験から得た私見を加えて本稿に述べる施策を考える前提としていただきたいと思う。

1. 観光の意味と役割

　上記の理由から念の為に以下図式化してこれらを確認しておきたいと考える。**図2−1**を参照しつつお読みいただきたい。

　「観光」の定義は前述の通りであるが、そのような観光行動はふたつの方向に展開していくと考えられる。その方向を矢印で図示する。

　まず、左側の方向は観光によって交流人口が増加することを示している。観光地には定住人口のほかに交流人口が(一時的に)発生することになる。従って、それによって地域社会が活性化する効果がもたらされる(定住人口の1名減に対し外国人観光客は8人。邦人観光客は宿泊ならば20人の観光客があるとそれと同じ社会経済効果が観光地に生ずると観光庁では推計している)。

　第2に右方向の矢印をみる。こちらは観光によって地域に資金の循環が生ずることを示している。観光客の観光地での消費(宿泊費、食事代、物品購入支出などによって)が資金循環をその地域にもたらす。即ちこれによって地域経済を活性化する効果がそこに生ずる。

　前者(左方向)では、人的交流が促進されるが、人的交流が新し

24

Ⅱ 新世代の〝観光立国〟—その前提

い文化の創成・発展の原動力であることを考えると「観光は文化行(活)動」と考えられる。(※)

次に(右方向)では観光は地域に資金の循環をもたらして地域経済を活性化すると考えられる(◎)ので「観光は経済行(活)動」といえよう。観光庁の試算によればこの効果は年間約50兆円に及ぶとみられる(**図２－２**)。即ち日本の自動車産業の年間生産額にほぼ等しい。このため近年、観光は日本の「基幹産業」とさえいわれるに至ったのである。

上記のふたつの行動によって観光地ではまち(地域)づくりが進む。このまちづくりの進展がさらに新しく観光需要を誘発する。このような循環による対流効果で観光はささらに普及し発展し、結局はそこに観光による新しいくにづくりが実現するといっても過言ではない。

●図２－１　観光の役割・概念図(観光は文化行動、経済行動)

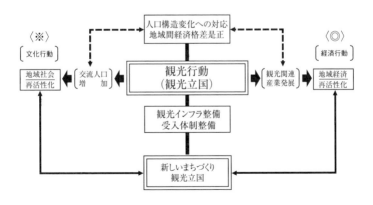

●図2-2　平成29年の旅行消費額（暫定値）

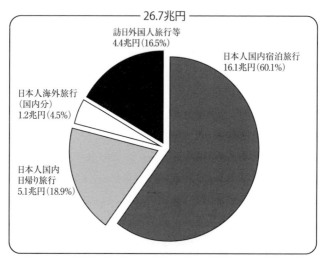

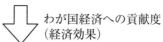
わが国経済への貢献度
（経済効果）

生産波及効果	52.1兆円…5.2%	（対国民経済計算 産出額）
付加価値誘発効果	25.8兆円…4.9%	（対名目GDP）
雇用誘発効果	440万人…6.7%	（対全国就業者数）
税収効果	4.6兆円…4.7%	（対国税＋地方税）

（注）国土交通省観光庁「旅行・観光消費動向調査」、財務省・日本銀行「国際収支状況（確報）」より

なお観光は原始時代から行われていたとも考えられる。即ち人間が群れ（集落）を作って生活を始めた時、彼等の本能的な欲望は近くにある人間の他集落を訪れ、そこで何か珍しいものをみたい、隣人と交流したいということであったと考えられる。そして近くの集落との交流が進み、そこから地域文化を形成していったとみられるからである。即ち観光とは「隣をみたい」という人間の本能（欲望）にもとづく行動から始まる文化、経済行動といえよう。

一方、観光には遊びにつながる側面もある。面白くなければ、また楽しくなければ人々は観光に行きたいとは思わないであろうからである。従って、観光での遊びの要素は人々を観光に誘致するための重要な動機であり手段として必要であるからに他ならない。従って遊びの要素は観光の役割をより効果的なものとするために必要なものである。

2．「観光」の構造（私見）

観光は人々の観光意思（観光したいという心の動き）がその出発点となる。その行動を構成する要素は、観光意思（心に内在する）を体現する「観光者」（観光客）、「観光対象」（観光資源）、観光行動を支援する「観光基盤」から成り立つと考える。

①観光意思—人々の心の動きのなかに生ずるもので観光（したい）という行動の動機である。同じ移動（旅行）でもこの意思のない移動は観光とは考えられない。しかし、この意思の区分は人々の心に内在するものであるだけに定量的に把握しにくい。観光統計が不備なのはここに原因があるといえよう。

②観光客（観光者）—観光する者をいう。観光学では観光者という。観光者を経済的・社会的視点からみると観光客ということに

なる。世上観光客という表現が定着しているので本稿でも「観光客」と表現していく。

　③**観光資源（観光対象）**—観光客の観光目的を満たす観光の対象となるものをいう。有形無形の別、自然に存在するものと人間が作り出したものとの別、さらにそれらの複合されたもの等、その態様は多岐にわたる（**図2−3**）。

　この観光対象に接し、そこから観光客が何等かの観光行動による効果を得たとき、その観光客にとってはじめてその対象が観光資源となると考える。ここでも観光客の意思を推定しないとその人にとって単なる観光対象か観光資源かは判然としない。

　従って、人によって観光資源は異なることとなる（その人に観光効果をもたらさなかった観光対象は観光資源とは言えないからである）。

　しかし、観光客の意思をいちいち観光対象ごとに調査することは現実問題として不可能に近い。このため大多数の人にとって観光効果をもたらすと推定される観光対象を世上、観光資源と総称しているので、本稿もそれに従って観光対象のことを広義の観光資源と考え、そのように記述している。

　情報発信やストーリー如何では何もないところさえも観光資源になる例もある（いわゆる秘境駅など）ほどである。

　④**観光（支援）基盤**—観光を支えその効果を高める働きをするものをいう。いわゆる観光インフラ等である。観光に利用される交通機関、ホテル、旅館、レストラン、物販店等がこれにあたる。この観光基盤の存在ないしその情報が観光客の観光意思を刺激する場合も多い。

　次にこれらの観光要素の相互関係を中心に観光（行動）の構造を**図2−4**によって考えてみたい。

Ⅱ 新世代の〝観光立国〟—その前提

●図2-3　観光資源構成図（一般）

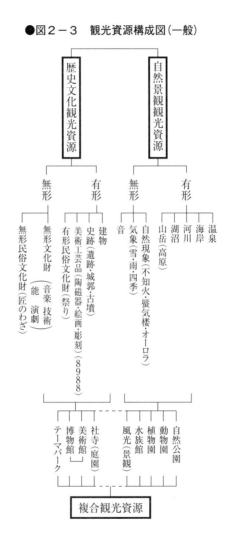

●図2-4 観光の構造図 ―観光要素とその関連―

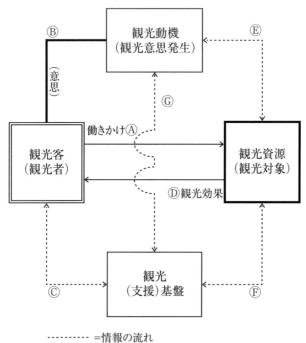

---------- =情報の流れ

Ⅱ 新世代の〝観光立国〟─その前提

①観光意思が人々を②観光行動にうつらせる（B）、そして観光意思に促されて観光客が③観光対象に働きかける（卦き、ふれる）（A）、即ち観光対象にふれ、そこでその対象を心をこめて観たり、そこから何かを学んだりすることになる。その結果、観光客が観光対象から一定の④観光効果を得た（D）とき（満足感を得る─みてよかった、行ってよかった等）、その観光行動は目的を達成し完結したことになる。そして観光対象はその人にとって⑤観光資源となる。このような一連の行動を支え（F）（C）、その効果を高める働きをするものが⑥観光（支援）基盤である。

なお上記で（　）内のアルファベットは図2－4にある同記号の位置を示す。また図中……線で示す流れは「情報」の流れを意味する。

以上で明らかになることは、一連の観光行動や観光要素を結びつけ、その効果を高める働きをするために「情報」の果たす役割が極めて大きいことである。情報こそ観光の血液といっても過言ではない。

以上が観光行動からみた観光要素の関連とその観光における位置である。

なお要素の新世代における具体的な展開（施策）の方向については（Ⅲ）で解説する。

31

Ⅲ 新世代の〝観光立国〟―その展開

1. 観光の国際競争力強化をめざして……………………34
　①観光ニーズの把握と対応　36
　②観光産業の改革　39
　③観光インフラの整備　42
2. 観光資源の再開発 魅力再発見をめざして………50
　①観光視点見直しによる観光(テーマ別観光)　52
　②観光手法の見直しによる観光　56
　③伝統的観光の新展開　59

1. 観光の国際競争力強化をめざして

　日本の観光はいまや国際観光市場への参入を果たし、世界のなかでその発展が期待されることになった。戦後の日本の国際観光は、連合軍の占領時代、占領軍の指令によって外貨獲得策として外国人観光客の受入れが復活した昭和23年から始まった。

　戦前は国際観光が当時の国（鉄道省）の主導によって推進され明治45年、国が本格的国際旅行あっせん機関として日本旅行協会（現在のJTB社の前身）を設立。また国際観光ホテルも各地で建設を始める等本格的な取組みを始めた。しかし、航空機の普及していない当時（戦前、航空機は国内でも、また海外との間でも観光客の足として充分機能していなかった）、日米間の最速の交通手段も、フィリピンないし香港を経由して、そこからアメリカの太平洋横断機―チャイナクリッパー―でミッドウエイ、ハワイ経由で渡るような状態であった。欧州と日本の間はシベリア鉄道経由が最速コースで、約1週間を要した。従って、遠い国（極東の島国）日本への外国人観光客も極めて限られた数にすぎなかったのである。

　昭和23年の復活後暫くは管理貿易のように限られた観光地に少数の観光客を迎えるという状況が続いた。日本の国内道路の整備が進まず、高速鉄道もなく国内移動が不便であったことも国際観光国への発展を妨げていたといえよう。昭和39年の東京オリンピックを契機に新幹線開通、高速道路の整備等が急速に進み、外国での日本の知名度が向上して外国人客の増加がみられ、昭和45年には大阪万博もあり年間100万人の大台をこえるに至る。しかし、外国為替相場で円高が進んだこと、日本の観光情報発信が不充分なため低迷状況が続き、邦人の海外渡航客の1／3程度で、とて

34

Ⅲ 新世代の〝観光立国〟―その展開

も国際交流といえるような状態になく、大幅な観光にかかわる国際収支の赤字も続いていた。

　平成15年、この状況を打開すべく愛知万国博開催が決定したのを機に、「観光立国」を国策の柱に掲げ、数値目標も国が示す等官民連携のもと国をあげて「国民運動」として国際・国内観光推進に取組むことになる。その結果、急速な円安の進行も追い風となり、平成20年代に入って外国人客は急増しはじめた。平成23年の東日本大震災で頓挫したが、その後復調し、平成30年には遂に

ビジット・ジャパン・キャンペーンの一環で企画された「ようこそジャパンウィークス2006」。そのオープニングイベントが東京浅草の浅草寺で行われた。

35

外国人旅行客3119万人に達したのである。また邦人の海外渡航等も円安傾向で低迷していたが、ここ2、3年増加に転じ年間2000万人をうかがうところまで伸びた。前述のように外国人客は1人当たりの宿泊日数、行動範囲、消費額等が邦人のそれに比しはるかに大きく、実質的なその社会的・経済的効果は既に邦人客（国内観光で9割弱の人数を占める）の1／4近くに達しているものとみられる。

　また来訪国もひろがり、とくにビザ解禁もあって中国、韓国等近隣諸国の伸びが大きく、いわゆる爆買い現象等もあり主要観光地の様相も一変しつつある。即ち、日本の観光は完全に国際観光市場に参入したというべく日本の観光は既に展開されている激しい観光の国際競争にさらされることになったといっても過言ではない。従って、(日本)観光の内外わたる国際競争力の強化が新世代に入った当面の観光推進の大きい課題となってきたといえよう。以下の諸施策等の速やかな展開が期待される所以である。

①観光ニーズの把握と対応
　日本の国際観光(外国人等受入れ)は、従来ともすれば画一的なメニューでの対応であった。それは、日本の風光明媚な景観が外国人に評判でそれに頼ってきたこと、またその国際観光が戦後復活の際の経緯もあって欧米人の接遇を念頭に進められてきたからでもあった。いわゆる「フジヤマゲイシャ」的観光メニューの提供がそれである。しかし近年、訪日観光客は近隣諸国からの客が急増してきたこと、観光客の観光ニーズが急速に変わってきたこと等から、最新のニーズを速やかに適切に把握して新しい対応、即ち受入体制を整える必要にせまられているといえよう。

　外国人客の訪日目的を調査すると「日本人の日常生活にふれた

Ⅲ 新世代の〝観光立国〟―その展開

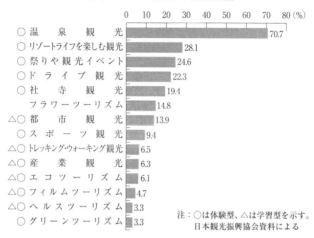

●図3-1 希望する観光調査

項目	%
○ 温　泉　観　光	70.7
○ リゾートライフを楽しむ観光	28.1
○ 祭りや観光イベント	24.6
○ ド ラ イ ブ 観 光	22.3
○ 社　寺　観　光	19.4
フラワーツーリズム	14.8
△○ 都　市　観　光	13.9
○ ス ポ ー ツ 観 光	9.4
△○ トレッキング・ウォーキング観光	6.5
△○ 産　業　観　光	6.3
△○ エコツーリズム	6.1
△○ フィルムツーリズム	4.7
△○ ヘルスツーリズム	3.3
○ グリーンツーリズム	3.3

注：○は体験型、△は学習型を示す。
日本観光振興協会資料による

い」とするもの、日本での「温泉」「食」「花」「都市」など、さらに産業国日本の「産業観光」等へのニーズ等、多岐にわたっていることが明らかになった。そして、これらのニーズに応えるための受入体制の再整備が求められている(図3-1、図3-2)。

　円安によって最近では大都市の一部の専門商店街は外国人に占拠されたかの感を呈する所さえ多く、そこでは外国語での呼売りさえあらわれて邦人客が戸惑うほどである。また産業中核地域の中京圏では自動車、楽器工場等への外国人の見学客の急増、産業博物館への外国人入場者の増加がみられる。このため案内パンフレットの多言語対応、案内人の語学力の向上、即ち人材育成に追われている昨今である。しかも、このような外国人観光客のなかには次第に長期滞在客が増えていることは心強いことである(多泊して陶磁器の作陶等の体験観光をする人なども目立つ)。

　今後の課題として接遇案内のための人材の確保と育成、それに

多言語対応の適切な情報の発信が急務である。また体験観光を指向する人々に対応するため、観光客向けの指導、体験施設等の設置による長期滞在型の体験メニューの準備、指導システムの確立が必要と考えられる。勿論、邦人についても同様なニーズないし傾向があるので、外国の事例も研究のうえ国際競争力のある受入体制整備が望まれる。さらに観光と他のアミューズメント(スポーツ、観劇、音楽会等)との競合も目立つようになった。これら

●図３－２　訪日外国人の訪日動機ベスト10

	1位	2位	3位	4位	5位	6位	7位	8位	9位	10位	
全体	日本人の生活の見聞・体験 25.6	日本食 22.4	買物 19.6	日本への憧れ(夢・好奇心) 14.5	自然・景観地 14.2	歴史・町並み・建造物 13.5	日本の近代・ハイテク 13.1	リラックス・温泉 12.6	伝統文化の見聞・体験 11.4	産業観光 5.8	
韓国	日本人の生活の見聞・体験 24.1	日本への憧れ(夢・好奇心) 22.9	日本食 20.4	リラックス・温泉 20.1	買物 15.0	歴史・町並み・建造物 12.2	日本の近代・ハイテク 11.6	伝統文化の見聞・体験 11.0	産業観光 8.7	自然・景観地 6.7	
台湾	自然・景観地 33.5	買物 32.6	リラックス・温泉 25.7	日本人の生活の見聞・体験 22.4	日本食 17.4	日本への憧れ(夢・好奇心) 13.9	日本の近代・ハイテク 13.8	伝統文化の見聞・体験 11.3	歴史・町並み・建造物 10.7	テーマパーク	(11位産業観光 5.6)
中国	日本の近代・ハイテク 27.0	自然・景観地 16.2	日本人の生活の見聞・体験 15.7	買物 11.7	日本への憧れ(夢・好奇心) 10.1	産業観光 9.9	リラックス・温泉 9.4	日本食 8.9	伝統文化の見聞・体験 8.5	歴史・町並み・建造物 8.5	
香港	買物 55.9	日本食 41.6	リラックス・温泉 28.6	日本人の生活の見聞・体験 21.0	自然・景観地 17.2	日本への憧れ(夢・好奇心) 13.0	日本の近代・ハイテク 10.1	伝統文化の見聞・体験 7.6	歴史・町並み・建造物 7.1	テーマパーク 7.1	(14位産業観光 2.1)
米国	日本人の生活の見聞・体験 30.4	日本食 26.3	歴史・町並み・建造物 19.3	買物 13.0	伝統文化の見聞・体験 12.3	日本への憧れ(夢・好奇心) 11.6	自然・景観地 10.8	日本の近代・ハイテク 8.8	博物館・美術館 4.6	リラックス・温泉 4.1	(12位産業観光 3.2)

＊調査項目は、日本への憧れ(夢・好奇心)、買物、日本人の生活の見聞・体験、日本食、伝統文化の見聞・体験、歴史・町並み・建造物、日本の近代・ハイテク、産業観光、日本語学習、祭り・イベント、避暑・避寒、温泉、博物館・美術館、趣味・関心事、自然・景観地、映画・ドラマ等、スキー、ゴルフ、他のスポーツ、テーマパーク、その他・不詳の21項目
＊「その他・不詳」については、上位10位にカウントしていない

(注1)「JNTO訪日外国人旅行者調査2003-2004」により社会経済生産性本部作成の資料による
(注2)調査年次がやや古いが、その後この種調査が行われていない

Ⅲ 新世代の〝観光立国〟―その展開

に対する競争力(観光ならではの魅力)も高めると共に、さらに進んでこのようなアミューズメントと観光を結びつけ一体となった、より幅広い観光をめざすべきであろう。そして持続性のある観光としてこれらを定着させるため、そこに新しいビジネスモデルの構築が必要と考えられる。

②**観光産業の改革**

　観光産業は観光客の往来、滞在等幅広い観光に伴う需要を満たすための重要な存在である。また観光の経済効果を地域で受止めるための受け皿としても重要な役割を果たす。しかし現状は、観光産業は充分その機能を発揮しているとはいえない。即ち観光客の増加に、その消費額の増加(経済効果)が追いついていないことである。例えば次のような実態がある。

●世界の一人100万円以上の旅費を使う「豪華旅行」の中で日本のシェアは1.4%にすぎない。

●国の外国人客誘致目標2020年4000万人に対しては昨年3119万人に達したことによってほぼ達成が確実視されるに至った。一方、2020年の外国人の観光消費額は8兆円の国の目標値に比し、昨年は4.5兆円にすぎない。しかもその伸びも低調なので、2020年の目標達成はまず不可能と考えざるを得ない。

●外国人客一人当りの消費額は昨年0.9%減となった(人数の伸び率は8.7%増)。

●邦人観光客の消費額もここ10年間はほとんど伸びず、微増、微減を繰り返している。

●観光産業の生産性も他産業に比し低位にある(**図3－3**)。

　このような結果となるのは観光産業の効率化、近代化が遅れ、その生産性向上が進まないこと、そのためコストが高どまりして

販売価格が下がらず需要を充分受止め得ないでいるからではないかと考えられる。即ち観光産業の国際競争力が劣っていると考えざるを得ない。

　観光産業の近代化・効率化こそ急務で国をあげてこの努力を推進しなければならない。

　今後の方向としては次のようなことが考えられる。

●業態から—観光産業の事業所数は140万ヵ所に及び、国内総事業所数の24％を占める。しかも98％までがいわゆる中小企業である。

　このため経営の近代化に立遅れがみられる所が多い。①事業規模の適正化—中規模以上の企業を中心とすること、また②IT技術の導入等を進め経営管理システムを近代化すること。③事業組合等を通じて企業間連携をはかり、後方業務の一括処理を行う等コスト低減をはかること。

(参考)観光部分(業種別)推計例(各産業分類の内訳)

宿泊サービス	17.5%
供食サービス	63.8%
顧客輸送サービス	12.2%
レンタルサービス	34.0%

　(注)国の諸統計には、「観光産業」という産業分類は存在しない。各産業分類に計上される業種別「観光」にかかわる生産割合を観光庁で試算し、その金額を集計して推算したものが観光産業の生産額とされている。上記はその例示である。年間観光産業生産額(間接効果を含む)約50兆円といわれるのはこの推計値によるものである。

Ⅲ 新世代の〝観光立国〟—その展開

● 図3−3　労働生産性と労働構成比（規模別、業種別）

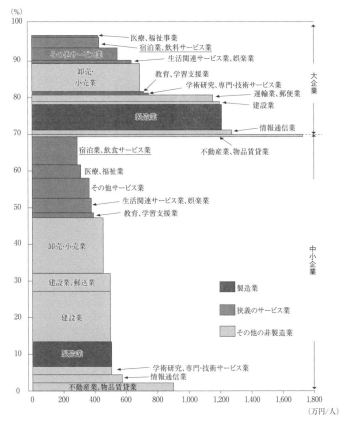

(注1) 財務省「平成26年度法人企業統計年報」総務省「平成26年経済センサス-基礎調査-」再編加工
(注2) 労働生産性＝付加価値額／総従業員数。
(注3) 付加価値額＝営業利益＋役員給与＋役員賞与＋従業員給与＋従業員賞与＋動産・不動産賃借料＋租税公課
(注4) 従業者数＝役員数＋従業員数
(注5) ここでいう中小企業は、中小企業基本法上の定義による。
(注6) 中小企業白書(2016)による

41

●自治体、同業者組合、商工会議所等が指導し、観光産業の経営
分析を行いキメ細かい経営改善への指導を行うこと。
●古い商慣習からの脱却、とくに宿泊業界における契約方式の改
善（泊食分離契約とする）の実施。
●店舗立地の見直し（まちづくりとの関連において）等による利用
促進。
　以上の諸施策を早急にそれぞれの地域と業務の実態に応じてき
め細かく進め、その国際競争力を強化する必要がある。
　とくに近年、人手不足がこれら業界にも急速に及びつつある。
この際徹底的な省力経営の指向（異業種にわたる人材のタイムシ
ェアリング方式を採用して手持ち時間を活用すること、営（操）業
時間の見直し等）、高齢者雇用等が求められる。また企業ごとに
IT機器を導入し、適切なマンマシンシステムをそこに構築して
いくこと（無人店舗・無人フロント、ロボットによる接遇等）も考
慮の対象となろう。いずれにしても観光産業が伝統的労働集約産
業から、近代的な装置産業へ脱皮すべき時期が到来したとの感が
強い。

③観光インフラの整備

　観光を支える観光（支援）基盤では、観光インフラといわれるも
のがその中核をなしている。観光には多くの場合「移動」と「宿
泊」という行動を伴う。新世代に入る現在、観光について最も懸
念されているのがこのふたつの分野の観光インフラが円滑にその
役割を果たしているかどうかという点である。
　交通をとってみると外国人客が集中する主要観光地では、交通
インフラの能力不足や利用方法への情報不足等から観光地内の公
共交通機関、なかんずく路線バス、市内（路面）電車等の異常混雑

Ⅲ 新世代の〝観光立国〟—その展開

のため地域住民の生活に支障をきたしたり、観光客の目的とする観光も進みにくくなるような現象が目立ち始めた。

また観光インフラの今ひとつの柱ともいうべき宿泊についても様々の課題が提起されている。

それはホテルの需給逼迫である。観光客の集中する大都市圏、主要観光地のホテルは平均稼働率が年間90％をこえる所さえあり、ほぼ常時満室の状況にある所も少なくない。そこではビジネス客は宿泊できず、また観光客もやむなく周辺他都市等に分かれて宿泊せざるを得ず、そのためムダな移動が発生し前述の交通逼迫にもつながるという悪循環も起こりつつあるという。次世代の〝観光立国〟の推進に際してはこのような観光インフラの中核となる交通、宿泊にかかわる需給の緩和にまず取組む必要があり、そのことが観光の国際競争力強化にもつながると考えられる。

A 交通インフラ整備拡充について

整備拡充にあたっての着眼点は最近の需要動向を反映して次の諸点が考えられる。観光の①全国的広域展開に必要な大都市、地方にわたる回廊(路線)の整備、②主要観光圏内におけるいわば地域内(横)移動。鉄道駅、空港から観光地までの２次輸送ないし観光スポットから別の観光スポットへの３次輸送等の面状のインフラの強化が急務である。そのうえで長期的視野にたって、観光圏内の各種交通機関の特性を活かして最適の交通サービスが提供できるよう、③観光圏(地)ごとに総合観光交通システムの構築が緊急の課題である。

第１の点については観光客の特定地域(大都市圏、主要観光地等)への集中が目立ち、その地域でとくに上述のような問題が発生しているとみられるので、観光客の広域分散が望ましい。交通

●図3−4　観光地間の交通整備例

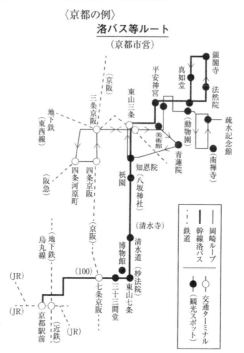

手段を整備することによって全国各地に観光客が万遍なく訪れることが望ましい。即ちオールジャパン―汎日本観光の実現にある。それには大都市圏に集中しがちの公共交通機関の整備を地方にも及ぼし、また大都市圏から各地方のいわば新観光地に至るまでの新しい交通手段の整備も必要である

　鉄道の地方交通線を廃止してきた経緯もあるが、今一度地方交通線（鉄道）についても観光の視点にたって見直しを行う必要がある。廃線になった鉄道も、新観光地が開発されたり、観光列車としてアイデアを活かしたサービスに徹すれば、新しい地方観光に

Ⅲ 新世代の〝観光立国〟—その展開

大きく寄与できる所もあると考えられる(反面、現在の鉄道もバス等による高頻度サービス維持の方が観光客にとってもより適当と思われる路線もあろう)。従来と異なる視点(観光)をベースとして、地方交通のあり方全体を再検討する必要がある。このような対策を講じない限り「汎日本観光」の実現は困難といわざるを得ない。

第2に2、3次輸送についてである。新幹線が開通し新空港が整備された場合でも観光客の増が一過性にとどまる所が多い。

それは受入体制不備のほか、新幹線駅、空港等からの2次輸送が不備なままだからではなかろうか。またある観光地から次の観光地への観光地間の交通(3次輸送)の不便も指摘される。新幹線・航空機利用で速かに観光地に入れても、2、3次輸送が不便なために効果的観光のできない地域が依然として多い。鉄道だけでなくバスでもタクシーでも、レンタカーでも、レンタサイクルをも活用して、この2、3次輸送の整備を進めることは多くの地方で急を要する課題となっている。

さらに総合観光交通システムの構築についてである。

観光地と否とを問わず国内交通で(公共)交通手段相互間の競争は、多くの場合は不完全競争でムダが目立つと思う。即ち地上施設(道路、空港、港湾等)を国なり公共団体が整備し、それを利用して営業している道路にかかわる自動車(バス、タクシー等)、航空等と、地上施設一切を自前で整備維持しなければならない鉄道との競争は、出発点の異なる競走が競争にならないのと同様、不完全競争にすぎない。イコールフッティング(同一の競争基盤)の条件が整っていないからである。

各交通機関が競争から脱皮してそれぞれの特色を活かして多くの選択肢をむしろ互いに協働して旅客に提供し、顧客がそのなか

から最適のもの、ないし最適の組合せを選べるような情報提供、即ち、特性を活かした高度なサービスの提案を行う必要がある。そして顧客の選択の結果によって、各交通機関の旅客のニーズに応じて、場合によっては協働してサービス提供が行えた場合、顧客は最大満足が得られる筈である。またその組合せがその地域の理想の交通網形成につながると考えられる。

　地域ごとに無意味な交通手段間の不完全競争からすみやかに脱皮して、このような多機関の特色を活かした総合交通システムを構築することが全体としての観光の国際競争力強化、実現への解答でもあると思う。

　最近国が提唱しはじめたMaaS(Mobility as a Service)導入もまさにこの方向に立つものといえよう。「移動ニーズの充足に必要な各種のサービスを包括的に提供する」この〝MaaS〟はICTの応用ではじめて可能となったものともいえる。

　即ち顧客は自らのもつ情報端末(機器)の操作によりサービス内容を検索し把握(組合せも含む)し予約、決済(発券)に至るまでをコンピューターシステムによって即時に可能とするものだからである。このためのプラットホーム(提供主体)を構築し(公的機関ないしその支援も必要か)、顧客が最適の交通サービスとその組合せを選ぶことが既に一部地域では部分的に(鉄道とバス、タクシー、レンタカーの連携等)実現をみつつある。

　しかもMaaS発祥の地欧州では、宿泊、供食、さらにカーシェア、ライドシェア(相乗り方式)、レンタル自転車の予約等も組合わせるところまで進んでいるという。自家用車持主が使用しない時間帯を登録して、それを別な顧客の利用に供する〝カーシェア〟あるいは自家用車の相乗り〝ライドシェア〟までが入ってくると、公共交通機関空白地での円滑な移動も可能となり、前述の

Ⅲ 新世代の〝観光立国〟─その展開

汎日本観光が大きく前進するものとみられる。この場合、自動車相乗りは「日本では交通空白地帯」の限られた範囲を除いて法的には認められていない（料金を収受することとなるので）。従って〝MaaS〟を全面的に幅広く導入するには規制の見直し、緩和が前提となる。また自治体相互間、国と自治体、あるいは業種相互間に隠然と存在するカベ（ナワバリ意識も）の排除が何よりの前提であろう。

このようにしてはじめて最適の総合交通システムが実現し、各種交通機関は相互補完連携してそこには新しい観光（交通）総合システムを構築することができる。

次世代の観光インフラ（交通）の整備は、単に新路線、新車両等の投資から脱皮して様々な機器の活用と規制緩和、それにその組合せ等によってその効用を高める方向を考えて行く必要がある。

　Ⓑ　宿泊（施設）の整備について

交通と並んで観光を支えるのは宿泊施設である。邦人観光客のみでも年間延べ約1.5億人（平成28年）の需要がある。とくに充実した観光を期待するには宿泊（泊数）の増加が必要である。しかし、現在前記のように宿泊施設の需給逼迫は交通のそれと並んで観光推進の隘路となりつつある。従って新世代の〝観光立国〟を実現するためには、宿泊施設の整備・充実、なかんずく需給逼迫の激しい大都市圏、主要観光地での拡充が急務となっている。

●地域格差の存在

図３─５にみるように、その現状には問題が多いが、目立つのはホテルと（和風）旅館の間にかなりの利用較差があること（ホテルの需給逼迫がはげしい）、また大都市圏、主要観光地とその他地域の間にも利用度の地域差がある。従って、これらの利用較差

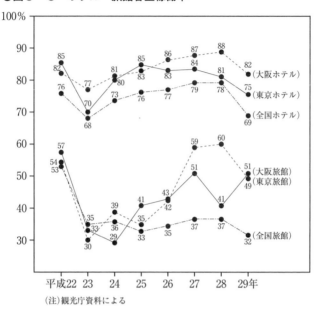

●図3-5　ホテル・旅館客室稼働率

(注)観光庁資料による

を平準化することができれば、現状でも全体としては需給緩和の余地がまだ残されている。なおこれまで原則禁止であったいわゆる民泊の解禁(30年6月から改正法施行)による宿泊施設の拡充も期待されている。

●施設の現状と抜本的活用策検討へ—**図3-6**に示すように旅館数の減少とホテルの増加が急速に進んでいる。ホテルは1万軒をこえ、逆に旅館は4万軒の大台を割りつつあり、その傾向は変らない。前述のように一部の旅館の古い商慣習、近代化の遅れなどが需要の伸びを妨げていることにも、またその原因がある。

しかし近年経営者の努力もあり、少しずつではあるが旅館経営に改善の兆しが見え始めた。旅館のなかに従来の施設を改築して

Ⅲ 新世代の〝観光立国〟―その展開

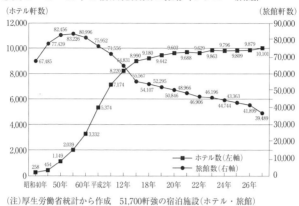

●図3－6　日本の宿泊施設数の推移(ホテル・旅館)

(注)厚生労働省統計から作成　51,700軒強の宿泊施設(ホテル・旅館)

高級和風をセールスポイントにした新世代型旅館を開発する動きが大都市圏を中心に見受けられるようになった。和風のよさを徹底的に追求し、高度でゆとりのある宿泊サービスを提供するこの施策は外国人観光客にも評価され、急速にひろがりつつある。勿論契約方式等が泊食分離であることはいうまでもない。

　なお旅館では中小企業のウエイトが高く、しかも伝統的老舗も多いため、経営の近代化に遅れがみられ、コストが高止まりする傾向もみられる。この点からも観光産業共通の競争強化策としても述べたように急速な経営近代化が期待される。

●民泊の解禁―宿泊施設の需給緩和のため、国は法改正により平成30年6月から「民泊」の解禁を実施した。施設等について衛生・安全の見地から一定の基準を設けて(管理方式、安全設備のあり方等を含む)開業は都道府県への届出制として認めることになった。民泊に新しく参入する企業等もあって、各地で特色ある民泊が生まれつつある。しかし従来からのいわゆるヤミ民泊が依

然として後をたたず、増加の傾向さえ大都市圏では見受けられる。このため旅館利用の減少、旅館からの転業廃業はとまらず、ヤミ民泊を除いた全体としての宿泊可能人員の増加は限られた数にとどまっている所が多い。

　今後の展望、方向としてはホテル、旅館、民泊いずれも対価を得て人を泊めることに変りはないのであるから、規制を統一し公正競争基盤を整えるべきと考えられる（ホテル、旅館間にも部屋数、面積の規制基準に依然として差がある）。そのうえで業界間の自発的努力によって公正な競争条件のなかでの業界秩序を再構築すべきものと考える。また全体として観光客の宿泊数を増加させることが期待されるが、そこでは宿泊施設相互の地域内・地域間での連携も求められる。さらに観光客のニーズを完全に満たすためには前述の交通システムと同様、宿泊施設も旅行業、供食業、みやげ物販売等他の観光業種等とも連携のうえ宿泊を中心とした新しい観光システム産業（群）を地域ごとに形成すべきではなかろうか。

２．観光資源の再開発　魅力再発見をめざして

　最近の国内観光の動向にみられる顕著な変化は観光客のうち、リピーター（再訪客）の割合が急増してきたことである。

　高確度で人数が把握できる外国人旅行（観光）客についてみると、現在既に過半数はリピーターとみられる。国は外国人客の誘致について目標人数を示しているが、2020年4000万人の目標人数に対しその約6割にあたる約2400万人がリピーターになると予測しているほどである。邦人観光客の場合はその性格上、国内観光客はほぼ全員が国レベルではリピーターなので、主な地域ごとにリピ

Ⅲ 新世代の〝観光立国〟―その展開

ーター率をみる必要がある。この場合は正確な数値が掴みにくいが、およその割合として国内主要観光地の邦人客の大部分は既にリピーターで占められているとみられる。

日本には修学旅行という独特の学校行事があり、この実施率は小中高校いずれも９割をこえているからである。

とくに参加率は修学旅行が学校の授業の一部となっていることもあって殆ど100％に近い。いずれにしてもこれからは国内観光にとってリピーター対応の適正化が重要な課題になるものとみられ、観光地の情報発信、受入体制もそれにふさわしいものとならなければならない。リピーター対応において念頭におくべきは、リピーターは初訪客に比べ対象となる観光資源の価値が次第に（訪問度数に応じて）逓減していくということである。

従って回を重ねるに従って同じ地での観光はその人にとってマンネリになりがちで、やがては再訪地への観光をしなくなるとみられるからである。

既に邦人の国内観光が万国博が終了して国内観光ブームが一巡した十年前頃から、長期にわたる低迷状況に入っていることはこのことを物語る。即ち未経験の海外観光を指向したり、他のアミューズメントや余暇活動に転移していくからである。

このため新世代の〝観光立国〟を成就するためには外国人客の誘致（外国人のリピーター対応も重要）とともに邦観光客への対応にも日本各地の「光」をいつまでも失わないように努力し、またそこに新しい「光」を見つけ出す努力とその手法の提案が不可欠である。

まず考えられるのは新しい観光資源（観光対象）の開発と情報発信である。国の観光ビジョンでは、未公開の文化財（離宮、宝物館等）、特定の国立公園の幅広い観光資源（ナショナルパーク構

想)化も示されており、民間でも新しい温泉等、新資源の発掘、テーマパークの開設等が計画されている。前者については資源保護、保全と観光の両立をはかる必要があり、後者については乱開発、環境破壊につながらないよう留意して進める必要があるので、いずれも一定の限度がある。このためリピーターに対応するべく観光資源の充実をはかるには、以下のように観光客が従来のそれとは異なった新しい視点にたって観光すること、ないし新しい手法で観光対象にふれるようにすることが考えられる。これによって従来とは異なった角度から観光資源に接することになるので、そこに新しい魅力をみつけだすことないしは魅力を(異なった角度からみて)再評価することができる考えられるからである。

　このような観光資源のいわば再開発、再編成を含むリピーター対応を念頭においた新しい視点、手法の観光には14ページの**図1－2**のようなものがある。

①観光視点見直しによる観光〈テーマ別観光〉

　観光資源への視点を変える観光の例である。従来観光資源は、自然景観観光資源と人の手によって形成される歴史文化観光資源の二大別と、この両者の複合観光資源に分類されてきた(前項**図2－3**)。テーマ別観光は観光資源への視点を一定のテーマ〈産業―ものづくり、街道―みち等〉にしぼり込み観光対象にふれるものである。いわば従来のタテ割りの資源分類に横串をいれるかたちで分類した観光資源群といえよう。以下、その主なものを例示する。

●産業観光――ものづくりにかかわる観光をいう。

　歴史的・文化的価値のある産業文化財(産業遺産)、生産現場(工場、工房、農漁場等)、産業製品などを観光資源(ないしは観光の場)とするものである。**図3－7**に示すように「産業観光」

Ⅲ 新世代の〝観光立国〟─その展開

●図3－7　産業観光（観光資源）

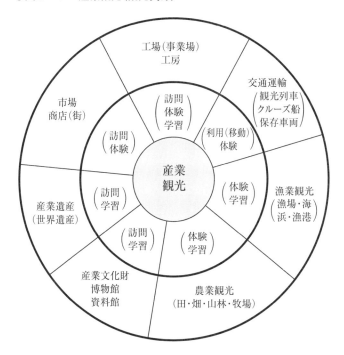

には様々の態様があり、観光対象も多岐にわたる。そもそもものづくりの全くない地域では人間の社会生活が成り立たない。またものづくりは人間の生活に密着したいとなみであるから、どの地域でも適切なストーリーが構成され情報が発信されれば展開できる観光である。日本観光振興協会の調査によると、典型的な「産業観光」のうち工場見学、産業博物館・資料館見学、作陶体験、農漁業の見学ないし体験等、「産業観光」（産業訪問を中心とする）への参加者は年間約7000万人に及ぶという。愛知万国博開催後とくにその伸びが著しく、近年では外国人観光客も目立つようにな

●図３－８　街道観光（観光資源）

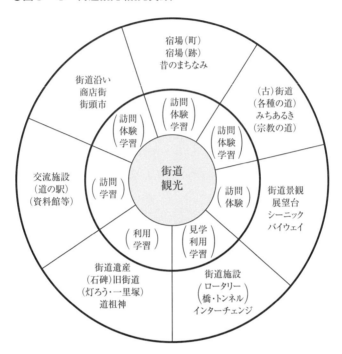

った。
● 「街道観光」——人の交流手段であり、その場として発展してきた街道—みちを歩き交流の原点にふれると共に「道の……」「道からの……」にかかわる景観、事象を観光対象とするものをいう。宿駅制400周年を迎えた平成10年代から各地の「街道〈みち〉歩き」ないし「宿場まち観光」が急速に発展してきた。

　産業観光と同じく「街道観光」についても様々な態様の展開が考えられる（**図３－８**）。

　この観光は、観光客と沿道の住民とが同じ目線に立つためそこ

Ⅲ 新世代の〝観光立国〟―その展開

に新しいコミュニケーションが生まれる可能性も高く、観光による学習効果も大きい。前提として歩けるみちの存在がまず必要であり、同時に交流のひろばの造成もこの観光の効果を高めるために求められる。

　(注)「街道」とは「海への道」にその語源が由来する。沿道に集積された文化も含んで「道」より広い意味でこの「街道」の語は使われてきた。

なおテーマ別観光にはこのほか「都市観光」(都市内にあるだけではなく、都市全体をいわばその市風ないし雰囲気まで含めて全体として観光資源とするもの)、さらに「宗教観光」(遍路などのように宗教上の行動に観光資源としての位置付けをするもの)等々多くのものがある。近年普及しはじめた過疎地という所在地の特色を活かした「秘境駅観光」(駅周辺に車の通る道路、集落等もなくほとんど乗降客もない閑散な駅を訪れる、自然探訪型の観光)等も参加者の多い新しい観光の話題作(？)といえよう。

「飯田線秘境駅」ツアーで多くの観光客らが降り立った小和田駅(浜松市天竜区)

なお国（観光庁）もこのような様々な「テーマ別観光」推進のため「テーマ別観光による地方誘客事業」を始めた。これは①共通テーマで、②複数地域が、③観光ネットワークを構築し、④共同連携して情報発信、観光イベントを行い、⑤複数地域をまとめて広域観光客誘致を図ろうとする各種の「テーマ別観光」を国で選定支援する事業である。

　平成28年5〜6月、この対象となる各地のテーマ別観光の募集を始めた。各地から応募があったテーマ別観光のうち、まず7件が第一次として選定された。指定案件については、その実行委員会等に対し共同マーケティング、周遊プラン作成、共同WEBサイト開設を求め、その経費の一部を国が支援することとしている。因みにこのなかに「街道観光」「産業観光」も指定された。

　一方、文化庁では「わたしの旅100選」を募集し、そのなかからすぐれた「テーマ別観光」に特別賞、大賞などを授与するテーマ別観光コンクールも実施された。「雛街道をゆく」（新潟、山形県）、「キリシタンの道をゆく」（長崎、熊本県）等10件が表彰を受けた。このように国レベルでも「テーマ別観光」の効果を認めこれを公的に推進支援しようとの動きが出てきたことは心強い。

②観光手法の見直しによる観光

　観光資源にふれる手法を変えることによってこれまでとは異なった角度から観光資源にアプローチする観光である。これによってこれまで気付かなかったその資源の魅力を発見することができると考えられ、そこに新しい観光資源開発と同じ効果も期待される。最近いわゆるニューツーリズムの名のもとに多くの新手法による観光への取組みが行われるようになってきた。主な例を示す（**図3−9**）。

III 新世代の〝観光立国〟―その展開

●図3-9 "新しい観光"(行動型ニューツーリズム)施策関連図(例示)

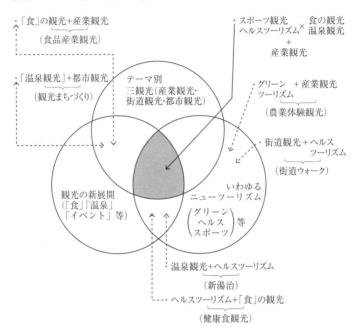

(例)
●エコツーリズム(環境観光)―観光の行き過ぎによる環境破壊が各地で目立つようになってきたが、この反省のうえにたって環境保護と観光を両立させる観光手法の開発である。観光のために自然環境に一切手を加えることなく、観光客が自然の中に入り直接自然にふれて、そのありのままの姿、雰囲気を味わう観光をいう。バードウオッチング、森林浴、ホエールウオッチング(野生動物観察など)等がそれである。

さらに一歩進んで環境保護活動に積極的に参加する観光も始まった。森林保護のための植林、間伐等の作業が各地で行われてい

るが、エコツーリズムの一環として森林を訪れる際これらの作業を体験する体験観光プログラムが人気を呼んでいる。また山歩き、森歩きと同時に林道の保全作業、雑草の除去、清掃活動等を体験する(観光)行動も各地で展開されている。非日常的なこのような自然保護活動への参加そのものが体験観光の対象となった例である。

●ヘルスツーリズム—人々の健康指向の高まりに着目し、観光を健康維持増進につながるものとして進めるもので、医学的知見等を採り入れて行う観光である。さらに観光行動に参加すること自体が即観光客の健康回復につながるものもある。近年盛んになりつつあるものには脱花粉症観光等の例がある(花粉症の起こらない地域—北海道等への花粉シーズンの観光ツアーが催行され大勢の参加があった)。

なお自然のなかに長期滞在し、医師等専門家の指導によるメニューに従って運動(近傍観光)等の体験、食事療法等を総合的かつ体系的に行うもので、長野県等自然条件に恵まれた地域で展開され始めた。

また国際観光として行われはじめたものに「医療観光」がある。日本の秀れた医療技術(光)に着目して外国人の来日を求め、日本の医療機関で検査・手術・治療等を受け予後療養を兼ねた長期滞在型国内観光(医療機関所在地付近の)を行うものである

タイなど外国で既に盛んに行われているが、日本では地域によっては医師不足もあり全国的な広がりにはまだ至っていない。

●ウォーキング(観光)—近年健康のため早朝、休日等に数キロ程度のウォーキング(長途散歩)を行う人が増えてきた。これに着目して鉄道会社等が「駅からウォーキング」等と題して駅から起伏の少ない歩きやすい道を選んで6〜10km程度の集団ウォーキングを催行したところ大勢の参加者があり、各都市圏の休日郊外観光

Ⅲ 新世代の〝観光立国〟―その展開

JR東海が開催している「さわやかウォーキング」

の定番行事になっている。このウォーキングに各地の観光スポットに立ち寄るコースを加える「観光ウォーキング」を試みたところ年配者等の参加が急増した。そこで、各地の、いわゆるウォーキングはほとんどが観光ウォーキングになるまでに成長した。催行は休日。主催者は地図を配布し交差点ごとに誘導員を配置、観光スポットでは専門のガイドを置いてグループごとに説明案内も行い学習観光のニーズも満たしている。１回の催行で数千人を集客するような例も少なくない。

③伝統的観光の新展開

　古くから行われてきた観光にかかわる行動である。従来はほかの主目的をもつ観光とともに付随的に行われてきたが、近時ニーズの変化に伴ってそれ自体を観光目的とする独自の新しい観光資源（分野）に発展するものが出てきた。

(例)

●ショッピングツーリズム—外国人観光客にとくにこの観光がみられるようになったのは急激な円安が動機であった。即ち日本での買い物が割安となったため訪日客のうち近隣諸国からの人々の間に都市観光の中でショッピングに特化する観光客が急増した。その消費額の大きさから「爆買い」という新語が生まれたほどである。これを動機に都心部の商店街に活気が戻り、品揃えの充実、店舗整備等が急進し中心街の様相を活力ある国際観光の場として一変させたところも見受けられる。また外国人観光客のなかでこれまで観光対象となっていなかった生鮮市場のせりを見学する人々も増えてきた。東京築地市場の場合は混雑がはげしく交通整理から入場制限にふみきる必要さえ生じ話題となったほどである。また、各地の伝統的な「市」(朝市、週市、魚市)等にも訪れる外国人が増えた。京都市民の日常の買い物の場であった錦食品市場が外国人客で賑わい始め周辺の交通渋滞をもたらしているほどである。

即ち従来の観光とは角度を変えた市場見学が新観光資源(対象)に選ばれることとなり、このような都市観光の手法を変えて新しい魅力を再発見する新しい観光が外国人客から始まったところも多い。これに関連して従来観光に付帯した行動であった「食」の観光も独立した観光分野となり、「食」そのもののみを目的に観光客が訪れる現象がこれも外国人客を中心に顕著にあらわれている。このような「ショッピング」ないし「食」の観光客は地産の商品、食材を対象とする場合が多く、地方の観光地では地域経済の再活性化に大きい効果をもたらしつつある。

このような従来とは異なる観光視点ないし手法による新しい角度からの観光を進めるにあたって、観光資源同士を結びつけ観光

Ⅲ 新世代の〝観光立国〟―その展開

ネットワークを構築することも必要である。各資源の相互補完作用がそこに働き、新しい魅力を引出すことができるからである。一例では図３－10のような大都市内の観光資源ネットワークをモデルコースとして活用し大きい誘客効果をあげているところも報告されている。多くの観光資源がネットワーク化することは、そこに観光資源に対する新しい視点と手法を同時提供する動機となるからではなかろうか。都市観光のいわば「星座」づくりが求められるといえよう。

●図３－10　観光ネットワーク概念図（大都市観光の例）
　　　　　（都市観光の観光資源「星座」づくり）

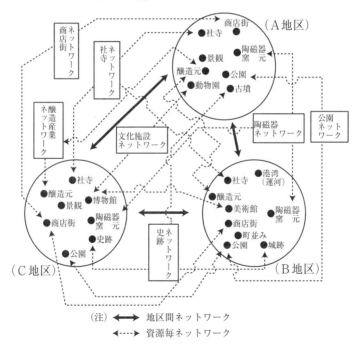

Ⅳ 新世代の〝観光立国〟―その安全

1．観光（移動）中の安全確保 ……………………………… 64
2．災害対策について ………………………………………… 65
3．大規模災害発生時の安全確保について ………… 66

「観光」は多くの場合危険を伴う。また様々な危機に遭遇する可能性も大きい行動である。それは自然に向かいあう行動であると同時に観光は幅広い移動が伴うことによる。〝観光立国〟実現のためには多くの人々に、観光に参加してこその最大の観光効果（満足、充実感を得ることを通じて心の糧を得る）をもたらすことが求められる。従って、「安全な観光」実現がそれを担保する大前提といえよう。

観光の安全を検証するにあたっては次の三点にわけて考える必要がある。観光地への往復ないし観光地間、観光地内での、①移動中の安全確保、②観光地における観光行動の安全確保、③観光中に発生する災害、とくに大規模自然災害からの観光客の安全確保である。

1. 観光 (移動) 中の安全確保

観光は幅広い多くの移動を伴う。居住地と観光地間、観光地相互間、観光地内の移動がそれである。

●自らの足、自家用車、自転車等による移動

観光客自身が交通ルールを順守し自らの移動、安全を自ら守る努力が中心となる。そのためには道路等整備された交通施設（信号、保安装置を含む）によって観光移動の安全を支える必要がある。

●公共交通機関による場合

歩行ないし自家用手段による場合を除くと、公共交通機関による移動が多い。航空、鉄道、バス、船舶による移動がそれである。公共交通機関は法規上安全運行義務があり、施設ないし運行基準等も安全第一で定められているので、このような交通事業者側の安全への努力と乗客となる観光客がルールを守った適正な利用を

Ⅳ 新世代の〝観光立国〟―その安全

する限りにおいて安全は担保される。勿論事業者側での交通施設の安全確保のため、施設の整備保全への平素からの努力がその前提となる。

近年の貸切バスの事故多発等人為的ミスによる事故が目立つが適切な人材確保とその管理・養成も必要である。

なお観光(施設)そのものに伴う安全については、観光施設(観覧車、ロープウェイ、遊覧船、遊具)の平素からの安全対策(整備)とその点検が求められる。また観光に必須の宿泊・供食施設にあっては火災事故等の防止、宿泊・供食両施設共通の課題としては食中毒防止等、衛生管理の適正化が観光安全のために不可欠である。

２．災害対策について

近年、観光の安全にかかわる大きい課題として(大)災害からの安全確保、とくに自然災害への対応の体制整備とその適正化が指摘されるに至った。

自然災害に対しては、まず平素からの防災・減災対策がその基盤となる。国、地方自治体等と連携のうえ観光地内、観光施設等への防災対策(とく洪水・風害・震災・雪害等について)に万全を期するとともに、発災時の被害を最少にとどめるべく発災時諸施設の耐震火水能力の強化、とくに建物の耐火・耐震度の強化、総合的な治山治水対策強化等による防災対策を地道に進めておくべきである。

また山間、埋め立て地や複雑な地形に立地する観光施設のなかに集客力の大きいものが多い現状からこの対応は急を要する。また発災が予想される際、事前に警戒情報があった場合、過去の事例

から判断して適時適切に観光行動の中止（交通機関の運行休止等）
を呼びかける勇気を持つことも安全確保の留意点のひとつである。

3．大規模災害発生時の安全確保について

　平成23年3月の東日本大震災に際し、東日本各地は地震と津波
により甚大な被害を受け多くの死傷者を出すに至った。しかも、
この震災後長期にわたって観光客は減少、とくに外国人客は激減
した。そして、その現象は被災地のみならず全国各地に及んだの
である。

　観光客の減少により経営難に陥入った旅館等に県が緊急融資を
行って急場を凌ぐ所もあった。

　また災害規模が大きく広範囲にわたったこと、さらに原発事故
が併発したため風評被害がとくに多く発生、これが全国各地での
観光の長期低迷につながった。なかには日本の（観光）安全につい
ての誤解もあって日本（観光）の安全への信用が一時的に失われた
現象も見受けられた。近隣諸国の一部では、日本では放映されな
いような震災の悲惨な場面がTVで夜通し放映されたところもあ
って、危険な国として渡航注意を呼びかけた地域さえ出たほどで
ある。

●大災害発災時における帰宅困難（不能）者対策

　図4−1は、日本商工会議所が全国515ヵ所の商工会議所を通
じてアンケート方式で所在自治体（会議所はすべて都市に所在し
ている）に照合した災害発生時、旅行者の安全にかかわる対策の
有無等について調査したものである。その結果、発災時の（旅行
者への）避難誘導、供食対策を事前に、とくに準備している箇所
はわずか3割にしかすぎないことがわかった。東日本大震災の際、

Ⅳ 新世代の〝観光立国〟―その安全

●図4－1　旅行者の安全確保に配慮した危機管理対応

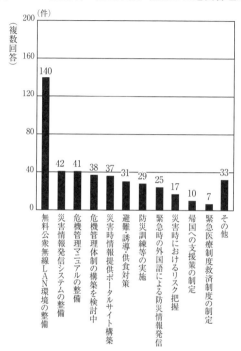

(注)平成29年7月、日本商工会議所調査資料による

　東京でも交通機関の不通のため多くの帰宅困難者の発生や異常混雑がみられ、そのための対策が真剣に議論された。多くの人が集まる観光地での大災害の場合、多数の帰宅困難（不能）者の発生が心配されている。

　観光客への大災害発生時の対策は、避難・誘導・供食等に万全を期することに尽きる。とくに不特定多数の人々の集まりであること、土地不案内の人が多いこと、また身を寄せる場所をもたない人が殆どであることを考えると、大災害発災時の帰宅不能・困

67

難者対策の確立はまさに緊急の課題である。しかも観光地によっては(シーズンには)定住人口を大きくこえる観光客が入っている所もあることから見ても、その状態のままでは最悪の場合、パニックの発生さえ懸念される。

近年の大災害がほとんどの場合、観光シーズンを外れていたことから、旅行(観光)客の帰宅困難(不能)者対策の必要性についての認識がまだ大方に共有されていないことが心配である。観光客を誘致する以上、少なくとも生命の危険から観光客を守る道義的責任が観光地側にもあることを忘れてはならない。一刻も早い対策の確立を期待したい。勿論観光客側にあっても被災に備えて非常災害用の防災グッズの携行等も求められる。また被災の際は地元住民と共に救援活動への充分な協力も行うべきであろう。

30年間のうちに70～80%の高い確率で大地震、大津波を伴う南海トラフ地震が発生すると学者が警告していることを忘れてはならない。

●風評被害対策

10年余前、能登半島沖を震源とする強い地震が発生。能登半島北部に局地的ではあったが大きい被害が発生したことがあった。被災が局地的であったこともあって死者もなく宿泊・交通施設も早期に復旧したが、観光客の減少が長期にわたり、しかも北陸地域全体に波及した。これは地震の被害について過大な風評が広範囲にひろがったことによる。発災が休日のため被害情報の発信が遅れがちであったこと、また連休のため他のニュースが少なく局地的な被害状況が大きく報道されたこと等も指摘された。

東日本大震災の風評被害のひろがりのなかには、海外まで含めて広義の風評ともいうべき観光の自粛へのひろがりがあった。即ち多くの犠牲者が出ているのだから「観光することは慎むべき」との声である。

IV 新世代の〝観光立国〟—その安全

　被災地への観光は交通・宿泊施設の被災もあって、中止・延期は止むを得ないが、被害のない地域への観光がこのように長期に、しかも広域にわたって自粛で低迷することには当惑せざるを得ない。聞いてみると、観光は「ただの遊び(宴会旅行などを連想して)に過ぎない」と誤解されていることによることがわかった。しかも、この誤解は当時、全国的に根強いものがあった。前述のように観光は文化行動であり経済行動である。災害があったために自粛すべき行動には必ずしも当たらないと思う。むしろ観光をすすめてその収益を被災地に寄付すべきとさえ思う。これらの風評被害対策は観光についての正しい意義を「啓蒙」することにあると思われる。

　このように観光の性格上、大規模災害対策は物心両面にわたる幅広い対応にせまられていることを忘れてはならない。しかも、その対策の確立は明日では遅すぎるのである。

●表4－1　訪日外客数および出国日本人数(東日本大震災前後)

月	訪日外客数			出国日本人数		
	平成22年	平成23年	伸び率	平成22年	平成23年	伸び率
1月	640,346	714,099	11.5%	1,264,299	1,282,348	1.4%
2月	664,982	679,500	2.2%	1,289,825	1,387,000	7.5%
3月	709,684	352,800	△50.3%	1,563,113	1,282,000	△18.0%

●表4－2　主要国別の訪日外客数の変化(東日本大震災前後)

国・地域	訪日外客数			出国日本人数		
	平成22年	平成23年	伸び率	平成22年	平成23年	伸び率
韓　国	169,295	89,100	△47.4%	599,132	589,100	△1.7%
中　国	123,314	62,500	△49.3%	336,928	267,000	△20.8%
台　湾	89,524	42,100	△53.0%	284,789	232,600	△18.3%
アメリカ	71,533	38,900	△45.6%	163,841	135,700	△17.2%
香　港	36,366	14,100	△61.2%	119,123	97,800	△17.9%
タ　イ	28,340	11,700	△58.7%	48,165	36,700	△23.8%

(注)日本政府観光局資料による。

Ⅴ 新世代の〝観光立国〟—その指標

1. 情報の量的・質的充実 ……………………………… 72
2. 観光統計の整備 ……………………………………… 75

〝観光立国〟を推進するためには情報化社会となった現在、情報とくに統計に依存する分野が極めて多い。さらに情報は前述のように観光の各構成要素を結びつける役割を果たす。

また統計は、観光施策ないし観光行動の足跡（実績）を振り返り、それを今後の方向にフィードバックするためにも不可欠である。情報、統計の充実、整備がいわば〝観光立国〟成否のカギを握っているといっても過言ではないと思う。

1．情報の量的・質的充実

情報はまさに〝観光の血液〟というにふさわしい機能を果たす。観光を構成する諸要素が円滑に機能するためにそれらを結びつける重要な手段であるからだ。とくに観光の出発点になる観光意思（動機）形成に情報は決定的な役割を果たす。また観光客の動向や観光資源からの情報によって観光の基盤としての交通・宿泊施設はその受け入れ体制を整えることができる。そして、その実績ないし効果が情報によって観光客、観光インフラ側にもフィードバックされ、今後の行動、施策の指針となる。このように情報の循環が観光の推進に決定的な役割を果たすことになる。

近時のIT技術の進歩発展に伴い情報伝達（発信、受信）の手法には格段の進歩がもたらされた。観光団体、自治体、旅行会社、交通機関はそれぞれ自らの情報サイト、ホームページ等を開設しており、情報の発受信をリアルタイムで行える体制を整えており、個人も既に殆どの人が何らかの情報端末でこれらにアクセスして情報を得ているところである。

現状から、今後、情報の量的充実を期するためにはいくつかの改善を急ぐべき点がある。たとえば情報発信が多くの機関で、①

V 新世代の〝観光立国〟―その指標

相互の連携なく、いわばバラバラに行われているケースが多いこと。②情報発信箇所とその内容が多岐にわたるため、そのなかから所要の情報を検索するのが容易でないこと。③情報受信後、その情報を観光行動に活用（予約申込、決済発券等）するためには、別の箇所へのアクセスが必要な場合が多いこと等であろう。このため観光情報を性格別、種類別に関係発信機関等が連携のうえ重複を排除し、互いに協力して観光情報全体を体系化し、そのうえで検索しやすいものとし、情報―検索―選択―申込、予約―（発券）決済まで一貫した総合（情報）サービスを提供することが望ましく、近年構築され始めた上記のようなニーズを充たす様々な総合情報システムの整備が観光にとっても急務である。

　日本観光振興協会では「観るなび」という情報サイトを開設しているが、ここでも検索のうえ（申込）（予約）（決済）機能まで付加することなどが求められる。日観振では目下、「産業観光」のうち産業訪問（見学体験などのための）について特定のモデルコースの範囲内のものについては予約、申込み（決済発券も検討中）までの一貫情報提供を試行しはじめた。

　なおこのような改善を進める場合にひとつの課題が発生する。それは無形の情報に対価を支払う慣行が成熟していないために、そこにビジネスモデルが成立しにくいことである。資金の循環が実現できないため情報をさらに掘り下げること、収集範囲の拡大ないしは円滑な提供を妨げていると考えられる。例えば、未開発地域の貴重な観光情報等はそれを得るためには大変な努力、経費が前提となるが、その対価が得られないため、情報収集へのより進んだ努力が進めにくい状況にある。無形の貴重な情報（収集コストが高いもの）については、IT機器の課金システム等を活用してアクセスごとに一定の対価を得る等によるビジネスモデルが構

築できるようにすることが今後の情報充実のために検討すべき課題となろう。

　また法規上の規制緩和が前提となる場合もあるが、前述の検索—申込み予約—(発券)決済に至る総合情報システム実現のため、情報システム上で一定の手数料収受も可能とすることも期待される。

　次に、観光客に自らの観光行動を決めるための情報の適時適切な提供も求められる。とくに異常気象時(災害発生を含む)の交通・宿泊施設の情報がそれである。交通事業者等の把握している運行情報に直接、観光客手持ちの端末からアクセスできるサービスが一部会社で開始されたが、このような動的情報の即時提供が観光各分野についても必要である。

　道路交通の場合、事故、渋滞情報—迂回路の情報等が近年逐次提供されるようになった。しかし、多くの場合まだ発信側の態勢が整わず、画一的な静態情報中心である。時間の経過した、いわば古い情報を流し続けるようなところも存在する。

　交通・宿泊施設の動態情報の提供が重要な要素であることを認識し、主要企業にあっては、情報センターを設置して情報発信を専担させること、そのほかにあっても情報発信責任者の明定、業界団体が(中小企業)観光事業者の情報を集約、オンラインで即時発信する等の対応を少なくとも主要観光地については行うことが期待される。

　要は(動態)観光情報の即時化、総合化とシステム化の実現といえよう。

V 新世代の〝観光立国〟―その指標

2．観光統計の整備

　観光情報の重要な内容であり、今後の観光施策の企画立案のためにも、また観光の実績を今後の施策にフィードバックするためにも統計の整備が不可欠である(情報を実際の行動に活かす際には統計数値の果たす役割が大きい)。とくに重要なのが観光事業経営にも直結する観光実績にかかわるもの、即ち正確な内外観光客数、泊数、観光消費額(観光収入)、観光投資額、観光地の実態等である。勿論、観光資源の項目別数値、観光地人口、面積、収容可能人数、統計等も観光推進にとって大きい役割を果たす。

　観光統計は国(各省庁)、観光団体(日本観光振興協会、JNTO等)など公的機関ないし全国的団体が中心となって作成される。しかし全体としてみた場合、観光統計は依然他部門や他業種のそれに比し不備な状態といわざるを得ない。現に国の努力にもかかわらず今なお邦人観光客の実数さえ正確な数値は不明のままである。また国の目標数値となる外国人観光客数も外国人旅行者として公表されているが、そのうち観光客が何人かは依然として明らかでない。このことも観光統計の整備を妨げているといわざるを得ない。観光は観光意思(動機)という人の心の動きに基づくものであるため、意思の定量的把握がきわめて困難なことにその原因がある。

　即ち人々の移動のなかでそれが観光によるものかどうかの区別が難しいことによる。従って旅行(移動)客数としては把握できるが、このうち観光目的の旅行客、即ち観光客が何人かはひとりひとり聞き取り調査を行わない限り正確にはわからないのである。またそのような調査を行うことは実際問題として困難が伴う。

　また経済活動の中から観光によるものを定量的に分離、把握す

ることも容易ではない。現に国の統計では「観光産業」という分類が存在しないのもこの正確な区分が難しかったからである。現在は産業部門（分類）ごとに観光にかかわる生産額（売上高）の割合を試算、これを集計したものを観光産業の実績と推定しているにすぎない（図5－1）。このような推計はほとんどの場合一定数の標本を抽出して、その調査対象（人）に聞き取り調査等を行い、その割合を算出することによって行われている。従って、これも必ずしも正確な実数とはいえないのである。

　そこで観光客のウエイトが高い場合、観光客以外の人が入っていてもその全数を観光客と見做す方法、また一定の観光スポットの入り込み人員を算定し、これを集計して地域の観光客とする方法などを国では提案、何とか邦人観光客の実態を把握したいと努力している。しかし残念というべきか、このように国の定めた様々な基準によって観光客数を算定することに参加しない府県が今もって存在するので、このような統計（推計）さえ完成できない。現に観光庁の公表する観光白書の都道府県別観光客入り込み客数の統計をみると、今もって（30年分も）未集計、不参加という府県があり、その分は空欄のままである。国の基準によると各県が従来、独自方法によって算定してきた数値とあまりにも異なるので参加しないと聞くが残念なことである。

　要するに観光は基準数値の統計さえ不備なまま、いわば羅針盤なき航海をしてきたといっても過言ではない。また様々な抽出、聞き取り調査が人間の心にもとづく行動である観光には必要であるが、実際問題として現場での聞き取りに正確に答えない人（場合）が多いことも統計整備を難しくしている。

　　（注）実話であるが、観光地での聞き取り調査の際、あきらかに観
　　　　光客と思われる人が旅行目的は「社用」と答えたので質問したと

V 新世代の〝観光立国〟─その指標

ころ、「慰労出張として温泉にきたので社用」と答えたということさえあった。また観光が何か後ろめたい遊びだと思っている人も多いらしく、旅行目的は「観光」と答えたくないという人も目立つ由である。

しかし、観光統計の重要さは情報化時代の現在言をまたない。一定の基準による観光統計を全地方自治体や関係団体の協力のもと早急に整備し、観光推進を明確な指標のもとに重要な文化、経済行動としてより効率的かつ効果的に推進したいものである。

●図5-1　各産業の経済規模(国内産出額ベース)

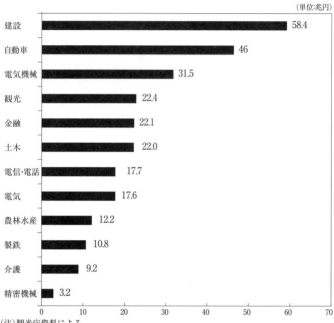

(注)観光庁資料による
※金額は平成25年の値
※観光産業の金額は「旅行・観光消費動向調査」及び「訪日外国人消費動向調査」より算出
※観光以外の各産業の金額は国民経済計算産業連関表(内閣府)より算出
※観光の金額は輸入分を除いた金額を示す
※建設は土木の産出額を含む

V 新世代の〝観光立国〟—その指標

●表5-1　都道府県別観光地入込客統計

(単位 万人)

年 都道府県	'12 (平成24)	'13 (平成25)	'14 (平成26)	'15 (平成27)	'16 (平成28)
北　海　道	5,271	5,290	5,356	5,448	
青　森　県	1,389	1,305	1,497	1,474	
岩　手　県	1,286	1,136	1,150	1,165	
宮　城　県	3,051	2,446	2,987	2,912	
秋　田　県	1,041	1,168	1,204	1,154	
山　形　県	1,656	1,816	2,021	1,965	
福　島　県	2,173	2,216	2,147	2,006	
茨　城　県	3,258	3,224	3,345	3,859	
栃　木　県	4,223	4,187	4,516	4,717	
群　馬　県	2,910	2,889	2,984	3,065	
埼　玉　県	10,005	9,937	9,954	10,924	
千　葉　県	8,602	8,934	8,980	9,161	
東　京　都	47,482	51,264	51,512	52,859	
神　奈　川　県	7,115	9,887	10,496	注1	
新　潟　県	2,952	3,534	3,724	3,684	
富　山　県	867	1,124	1,238	注1	
石　川　県	1,221	1,635	1,811	注1	
福　井　県	注1	注1	注1	注1	
山　梨　県	2,735	2,968	3,002	3,146	
長　野　県	3,787	3,761	3,595	4,445	
岐　阜　県	3,619	3,844	3,686	4,360	
静　岡　県	6,257	4,714	注1	7,685	
愛　知　県	9,362	10,344	10,544	10,405	
三　重　県	2,749	3,715	3,192	3,542	
滋　賀　県	1,981	1,868	1,899	2,349	
京　都　府	−	6,129	6,385	6,779	
大　阪　府	注2	注1	注2	注1	
兵　庫　県	7,026	7,034	7,399	7,224	
奈　良　県	1,936	1,935	2,094	2,281	
和　歌　山　県	1,192	1,166	1,143	1,268	
鳥　取　県	767	1,001	920	945	876
島　根　県	1,119	1,377	1,265	1,166	1,177
岡　山　県	1,322	1,232	1,442	1,449	1,740
広　島　県	2,143	2,344	2,405	2,310	2,109
山　口　県	1,729	1,772	1,754	1,813	注1
徳　島　県	941	1,044	1,137	1,010	注1
香　川　県	1,546	1,539	1,712	1,674	1,593
愛　媛　県	1,356	1,311	1,461	1,497	1,497
高　知　県	632	590	570	注1	注1
福　岡　県	注2	−	10,053	10,420	注1
佐　賀　県	1,302	1,292	1,862	2,022	1,876
長　崎　県	1,438	1,645	注1	注1	注1
熊　本　県	2,473	3,403	2,578	2,904	2,954
大　分　県	1,754	1,756	1,890	2,287	1,972
宮　崎　県	1,390	1,518	1,447	1,580	注1
鹿　児　島　県	1,647	1,671	1,699	1,807	1,708
沖　縄　県	1,047	1,069	注2	注1	注1
合　計	167,752	184,080	189,736	202,025	120,087

(注1) 集計中
(注2) 「共通基準」未導入
※　観光入込客数は、実人数であり、観光地点等ごとの重複
　　を除いた数値であり、1人の観光入込客が当該都道府県
　　の複数の観光地点を訪れたとしても1人回と数える。
(注3) 国土交通省観光庁「観光入込客統計に関する共通基
　　準」'17(平29)10月13日現在(日本人観光目的+日本人ビ
　　ジネス目的+訪日外国人)

79

令和の〝観光立国〟へ 「私の提言」

（JAPAN NOW観光情報協会）

須田　寛

令和の〝観光立国〟へ　「私の提言」

○はじめに

　新しい世代「令和」を迎えた。ちょうど新世代に入る今、「日本の観光」(国際、国内観光とも)は、次のような状況から大きい節目の時に直面している。

　(1)〝観光立国〟政策の浸透　　国際経済動向の後押しもあって、日本への外国人(観光)客が急増し、主な観光地の様相が一変するほどのインパクトをもたらし、受入体制の見直しにせまられている(平成30年3119万人)。

　(2)外国人(観光)客増とともに日本人の海外渡航(観光)者も復調傾向で、年2000万人に近づく勢いとなり、一方交通になりがちであった国際観光も相互交流の時代に入った(平成30年1860万人)。

　(3)上記の状況からみて、日本の観光は国際観光市場への本格的参入を果たし、激しい国際競争にさらされるに至った。

　(4)内外観光客ともにリピーター(再訪客)の割合が急増した。邦人観光客は日本独特の修学旅行(行事)の普及等(小・中学校の実施率90%)のため主要観光地ではほとんどがすでにリピーターになったとみられるが、外国人客も近年リピーター割合が急増しはじめた(令和2年、政府目標値、外国人観光客中リピーター2400万人)。

　上記の現象から「令和」の国内外観光は受入体制のあり方、とくに①リピーターへの対応方(リピーターにとっても日本各地の「光」がいつまでも輝き続けるように「光」を絶えず更新ないしみがきあげる努力が必要となったこと)、②観光全般にわたる国際競争力の強化(とくに経済効果の受け皿となる観光産業の経営

81

改革等）、③円滑、かつ効果的観光とするための観光インフラの整備拡充が急務となってきた。

　また、これまで10年余に及ぶ観光立国運動の進展により、中間目標（2020年、外国人客4000万人）の達成が射程距離に入る見込みとなった現在、これまでの観光立国運動の反省のうえに立って、以下の諸点に重点をおいた〝観光立国〟第2セクションともいうべき〝令和の観光〟運動を発足させ、その推進を図るべきときを迎えたと考えられる。

　以下は平成の観光にかかわってきた実務者としての立場から「令和の観光」が取るべき重点施策の方向についてのささやかな提言である。

○ 〝観光立国〟のさらなる前進をめざして

　新世代「令和の観光」は〝観光立国〟の完遂をめざし世界大交流時代の中での日本観光の地歩を確立するとともに、〝住んでよし訪れてよし〟の〝美しい豊かな国づくり〟をめざし、以下の諸点に重点をおいて進めたいものと思う。

　その目標は、2026年の国の外国人客目標人数（6000万人）を達成するとともに、国の目標人数は設定されていないが、邦人国内観光客についても10年来の低迷から脱皮して、より高みをめざすべく、そのベクトル転換をはかることを念頭におく。

　この際、留意すべき事項としては、①観光の（国際）競争力強化（観光（行動）相互間、観光と他の余暇活動相互間）と、②リピーター対応策を進めて持続的な観光実現をめざす。即ち観光資源（国の）「光」をいつまでもその輝きを持続させ、かつ開発増進させる努力を重ねることである。

令和の〝観光立国〟へ 「私の提言」

「令和の観光」重点施策の提案

　上記の留意事項を念頭に以下の諸項目について物心両面にわたる、また官民各界あげての国民運動として展開する必要がある。

①汎日本観光の実現－オールジャパン観光の展開－

　近年の観光客増加は、ともすれば大都市圏や特定(有名)観光地への観光客の集中につながり、当該地域での観光地の異常混雑、とくに公共交通機関、宿泊施設(ホテル等)の需給の逼迫をもたらした。このため一部地域では地域住民の日常生活に支障を生ずる現象さえ見受けられるに至った。いわゆるオーバーツーリズムの発生である。

　このため観光客(とくに外国人客)に国内各地でまんべんなく観光して貰えるよう地域分散型観光としなければならない。幸い日本は全国各地に観光資源が散在しており、風光明媚な地域が多い。この地域分散観光によってより多くの観光効果を、より多くの人が受け止めることが可能となる。また各地域の観光客が増加することによって真の地方創生も実現することになると考えられる。

　前提として交通・宿泊等の観光インフラの整備が必要となる。とくに観光地から観光地を結ぶ、いわゆる回廊交通手段と空港、新幹線駅、高速IC等からの二次輸送の整備が必要である。地方空港への海外からの直接乗り入れ、クルーズ船寄港可能港の地方での整備等が急がれる。この場合、比較的人口も少なく広範囲に観光地が分散する地方では、各交通機関は競争から脱皮して、相互補完の関係に立って相互に連携、協働し、地域観光総合交通システムとしての整備を進めるべきと考えられる。

　　(注)MaaS(各種交通サービスをまとめて情報サイトに登録、観光客の選択に応じて最適の組み合わせを検索、予約申し込み(決済)

83

までがコンピュータ個人端末で可能となるシステム－カーライド、カーシェア、レンタサイクル等まで含む)の導入等がこの交通システムを有効に始動させるため必要である。

宿泊インフラについてもホテルのほか、和風旅館の拡充のほか地域の特色を活かした民泊等を開業すること等により、観光による人的コミュニケーションの機会が増え、地域密着形の真の観光の実現が期待できよう。

② 〝観光資源〟の充実、〝観光手法〟の多様化へ－ワイドな観光の展開－

内外観光客のうちリピーター(再訪客)割合の急増が目立つ。リピーターにとって初訪客に比べて、その地の魅力、とくに個々の観光資源の魅力の逓減は避けられない。いわゆる飽きが出てくるからだ。リピーターにとっていつまでも日本各地の観光が魅力的であり続けるには、新しい観光資源の開発はもとより、従来の観光資源が絶えずその「光」を輝かせ続けられるかどうかにかかっている。前者について言えば、新しい観光資源候補は、いわゆる何もないところも含めてどこにでも潜在していることを思い起こし、そこから新しい「光」を発信させるためにストーリー(説明)の工夫と、積極的な情報(着地からの)発信を進めることが必要である。

また、既存の観光資源に接する視点を変えたり、観光手法を変えることによって今まで気付かなかった新しい魅力をその観光資源から再発見することができる。このような新しい観光視点の持ち方、ないし新手法を観光地側から提案したり、観光客が自ら発見したりすることによって観光資源の「光」はその輝きを増した

令和の〝観光立国〟へ 「私の提言」

り、長く持続させることができる。以上がリピーター対応の重要
なポイントと言えよう。
（例）
　・テーマ別観光（産業観光、街道観光、都市観光等）
　・24時間観光（早朝寺院観光、早朝市場観光、夜景観光、深夜
　　漁業観光等）
　・新観光の開発（「食」の観光、諸会議の活用「MICE」、新エ
　　コ観光等（注））
　　（注）新エコ観光
　　　エコツーリズムとして自然に手を加えず、自然を味わう観光が
　　盛んで、ウォーキング等と組んで各地で展開されている。この自
　　然（みどり）の観光に環境保全、自然保護活動への参加を組み込ん
　　だものが〝新エコ観光〟である。観光の途次、沿（山）道の清掃（保
　　全）活動、植林、間伐作業体験等の産業体験観光を行うもので、多
　　くの観光客が珍しい学習体験観光として進んで参加する地域もあ
　　る。
　　　一方、休耕田等を活用した毎週末の農業体験（観光）を住民の指
　　導のもとに行うところもある。とくに風光明媚な「棚田」の体験
　　観光で地域の輝きがよみがえったなど、ひとつの観光の効果をさ
　　らなる観光に活かす観光のリサイクル活動とも言えよう。

　このためには地域の住民、関係者等が絶えず「観光するここ
ろ」を持って自分の周囲を見つめ直し、観光資源の萌芽を発見・
育成し、観光資源にまで高める日常の努力が求められる。

　さらにワイドな観光を進める場合、官民の連携、とくに国と地
方、観光団体、経済団体、さらには教育団体、文化団体等との幅

広い連携が不可欠で、それらによる地域ぐるみの取り組みに仕上げることが必要である。

③ 〝観光産業〟の近代化・効率化へ—観光産業の国際競争力強化—

前述のように、日本の観光は内外とも急速に国際化しつつある。その結果、競争の激しい国際観光市場に、令和時代には本格的に参入していくことになる。これからの日本観光は、国際競争市場の中で生き残り、かつ発展するため観光にかかわる国際競争力の強化が緊急の課題となろう。

2020年の外国人客4000万人の目標への到達も射程距離に入ったと言われる令和時代の観光に新しい課題が浮上してきた。それは外国人観光（客）の人数増に比し、その経済効果（消費額等）との間に乖離が広がってきたことである（邦人観光客は依然人数も伸びないうえ、消費額も低迷が続いている）。

このため観光経済効果を受け止める観光産業の（国際）競争力を高めなければならない。そのためには①人材対策（観光産業経営者、従業員の人材育成、人手不足対策としての人材の有効活用等）、②ＩＴ、IoTの導入による経営の近代化、効率化、③DMO（観光地域づくり法人）等による産業間連携等が必要となろう。中小企業の多い現状から、これらの対応には業種ごとに企業連合、事業組合等を結成して対応すること、即ち新施設、新機器を共同で導入したり、国際的予約システムへの加入等に業界全体で協力して対応するなどの努力を重ねることが必要である。また日本の旅行会社の海外での積極的な事業展開も期待される。

観光産業の国際化、近代化なくして観光の経済効果は期待できず、観光による地方経済再活性化も期しがたい。これからの観光産業の成長への壁を打破することこそ、「令和の観光」がまず着

令和の〝観光立国〟へ 「私の提言」

手すべき優先課題ではなかろうか。

④安全安心の観光へ－観光安全をめざして－

移動（交通）を中心とする観光行動にとっては〝安全〟こそ最大の前提であり、「安全なくして観光なし」といっても過言ではない。しかし、ある時期にはそれが予知可能とされたこともあってか、大震災等の発災時における観光客の安全対策等がともすれば不備で、多くの地域で不安が残るのが現状である。日本商工会議所の調査でも7割近い地方自治体が発災時における帰宅不能となった多くの観光客の避難誘導・保護に、特に留意した対策を立てていないことがわかり、愕然とせざるを得なかった（立てているところでも旅行者の平均在市人数の保護を中心としている程度がほとんど）。観光客は土地不案内、地域に身寄りのない多くの老若男女の方々の集まりと考えた場合、発災時、程度如何によっては恐るべき事態（パニック）が起こると考えざるを得ないからである（東日本大震災時における東京の一時的帰宅困難者発生の際でも、あれだけの問題になったのだから）。観光シーズン、それも週末の日中、定住人口をはるかに超える観光客が入り込んでいる観光地（そのような例は極めて多い）で大震災が起こった場合について、「観光客の完全な避難誘導・保護は、現状ではほとんど不可能に近いのではないかと考えられる」と当該自治体の幹部から聞いて驚いたことも忘れられない。

観光客を誘致した以上、誘致側にもその「いのちを守る」という道義的義務があるのではなかろうか。観光地への往復の移動中、観光地内での移動や観光行動中の発災、宿泊食事中の関係施設内での安全安心対策についても、各自治体単位で観光客の「いのち」を守る抜本的、かつ基本的対策として早急に検討、樹立され

87

ることを強く期待したい。そのカギを握るのは情報の発受信体制の整備、観光客の避難誘導対策と収容場所の確保、万全な供食体制への備蓄、訓練等と考えられる。そのため平素からの関係機関間の連携による対応、体制を確立し、訓練を重ねておくことが緊急の課題と言えよう。

　安全あってこその観光であり、観光安全対策樹立は観光以前の緊急対策であるといっても過言ではない。

（参考）

令和の観光（提言施策展開図）

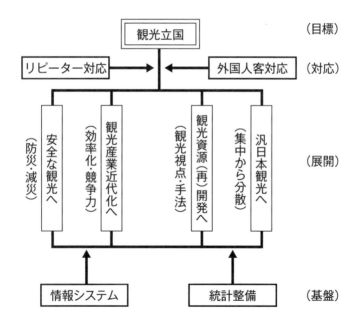

第2部　日本の観光の現状と課題

Ⅰ　観光のあゆみ ……………………………………… 近藤節夫　91
Ⅱ　インバウンド4000万人超えへの展望と課題 ⋯⋯ 北村　嵩　131
Ⅲ　平成から積み残した観光日本の課題 ⋯⋯⋯ 澤田利彦　169
Ⅳ　日本の住居表示の問題点 …………………… 杉　行夫　183

Ⅰ　観光のあゆみ

1. 「旅」が生まれた経緯……………………………………92
2. 日本人の「旅」と観光……………………………… 103

1. 「旅」が生まれた経緯

①「旅」は人間の本能

　人類は、今から遡ることおよそ70〜170万年前に現在のアフリカ大陸に誕生したといわれている。そのころ同じような生き物は他にもいたが、その中で唯一2本足で歩くことができて、頭で考えることができる初期ホモ・サピエンス属が私たちの祖先であると考えられている。彼らの多くは5〜10万年前に父祖の地・アフリカ大陸を離れてメソポタミアなど中東周辺へ渡り、その一部はそこに生活していた土着のネアンデルタール人と交わった。

　しかし、ネアンデルタール人は次第に絶滅していった。一方、今日私たち人類へDNAを残した初期ホモ・サピエンス属はたくましく生き残り、3万年前ごろになってヨーロッパ、アジア、オーストラリア方面へ拡散して流れていった。その後1万年前に襲来した最後の氷河期のような自然の脅威を凌ぎつつ、絶滅の危機を乗り越えて生き残りたくましい生命力を発揮していった。それが今日地球上に人類の分布図として、それぞれ地域に定着し生存し、繁栄しているのである。人類誕生以来、自給自足に適した土地を探し求めた「旅」は、生きんがために必要な移動であった。

　遠いアフリカの地から延々東アジアや、オーストラリアにまで長い時間をかけて同じ種族が集団で移動していった。地球上にはそのままアフリカに残って今日のアフリカ人の原型となった人々と、新しい世界へ乗り出していった挑戦的で冒険心に富んだ多くの人々とがいたのである。移動したその動機は一体何だったのだろうか。外の世界へ乗り出した人々は、一周4万kmもある広大な地球上に自分たちの定住の地を求めてただ黙々と歩き続けた。

　「旅」は人間の本能ともいえるものである。そして、本能が疼

くことによって後年「旅」を核とする「観光」、即ち個人の旅行、団体旅行、観光全般に提供される交通、宿泊、遊興施設、エンターテイメントなどが動き出すのである。それらが個々に、また総合的に発展することによって観光全体に反映され、今日見られるような大きなムーブメントになっている。

②「旅」の起点

　私たちの遠い祖先にはそれぞれ個別の理想や事情により、憧れのユートピアである定住の地に辿り着けなかったことも度々あった。その当時、大海へ踏み出すには船舶建造技術や航海術が未熟で先行きの苦難が予想され、ほとんどは陸路を自分の足と家畜を頼りにひたすら本能の赴くままに陽が昇る東方へ向けて歩き続けた。その途上で自分たちが生活するうえで環境的に打ってつけと見込んだ土地に初めて彼らは腰を据えて定住することを決めた。彼らは狩猟や農耕を始めながらその土地に腰を据え、自給自足することによって少しずつ定住生活に馴染んでいった。それでも農耕に頼ることだけでは生きてはいけず、新たに狩猟の旅を続けながら定住の地を見つけるために歩き続けた。そして、更に歩いて別の理想郷を求めて冒険を重ねて彷徨いながら、困難を乗り切り自分たちが生活するに相応しいと思える定住地を見つけるまで歩き続けた。

　こうしてひたすら歩き続けることが、例え意識しなくても「旅」という形になっていることは自ずから明らかである。好むと好まざるに関わらず、「決断」→「行動」→「移動」→「旅」という定型的なビヘイビアのパターンができ上った。今日に至る「旅」の始まりである。そして歴史の転変とともに、「旅」は人間が命を賭けた征服欲や支配欲により文化や風習をも伴って民族移

動、衝突、争い、戦闘、戦争を繰り返すことによって地域の分布へも影響を与えていくことになる。

③共同社会の誕生

　人類が地球上に生息して以来、安心して生活できる定住地を求めて「旅」を続けていた民族や人々も、定住の地を見つけて住み始め、少しずつ生活の基盤が固まるにつれ、その地で周囲の人々と集落を作るようになった。地域の一員となってより安心して生活を営めるようになったのである。

　時を重ねるにつれ各集落では、人々の間で次第に相互に助け合って集落全体を守り大きく育てていこうという気持ちが育まれていった。まだ刀剣、鎧兜類など武器が充分整っていないころは、外敵の攻撃から自らの身を守ることが大事だった。自らの力に頼るだけではなく周囲の人たちの協力も必要だった。組織を作り集落としての力を育成していくためにリーダーが必要とされ、集落の中で信頼と実行力のある村長が選ばれ、集団としての団結を活かした組織力の維持により、共同社会が保たれていくようになった。集落は大きくなるにつれ村組織となった。

　そして村で指導力を示した村長は、リーダーとして村の対外的交渉と内部のとりまとめに尽力した。同時にその村の周囲にも同じような共同集落や村が存在した。他の村々とも話し合うことによって考え方や生き方の一致を見て共同で一層大きな組織体を作り上げていった。しかし、近隣には考えや意見の合わない村が出現するようなこともあった。そのようなケースでは、生きるか死ぬかの選択を迫られ、村人はともに力を合わせ共同社会として近隣の村々と一戦を交えるようなこともあった。これに打ち勝った村は、更に力を増して一層強大な力を備えた戦闘集団を抱える村

Ⅰ　観光のあゆみ

となっていった。

　こうしていくつもの村の中には、時代とともに大きな勢力に成長した村があった。集落が膨れ上がるにつれ村となった共同社会は、徐々に専門分野に分かれ、自分たちにとって最も大切な生活の素である食料自給に次いで、外敵から身を守る武器の装備と戦力の保持が必要とされ重要視されるようになった。武力を備えた村は、更に勢力拡大を目指して外へ外へと出ていった。外の小さな集落や村を力と説得によって併合し、また一歩テリトリーを拡大していった。

　勢力の拡張が一段と進み、村の共同社会が豊かになるに従い社会は徐々に整備され、自分たちの労力によって自給生活のために得られる食い扶持以外に、外敵を打ちのめして手に入る余得が自分たちの生活を一層豊かにしてくれることを知った。鋭敏で戦に長けた村長は、次に積極的に村から出て防衛用に配置させていた村人を戦いの場へ向かわせた。こうして地球上に戦争の舞台が作られ、村人は戦いに駆り出され、同時に「旅」へ出るようになった。こうして「旅」が世界の歴史を作っていった。

④繰り返された侵略戦争

　地球上に文明が生まれたのは、そこに生息する人類が生活する過程において建設的な叡智を寄せ集めて造り上げたからである。超古代といわれる先史時代のまだ文字のない時代に芽生えた伝説的なムー大陸や、アトランティス文明は自然の災禍や、天変地異などにより消滅した。その後紀元前3000年ごろになって4大大河の畔にそれぞれ新しい文明が芽生えた。

　エジプト、メソポタミア、インダス、黄河の世界4大文明発祥地では農耕・牧畜が営まれ王国が築かれ、それぞれ文字が生まれ、

95

都市計画が整備された。代々の王国は隣国や周辺の小王国を倒して併合しつつ、支配圏を漸進的に拡大していった。その過程で侵略戦争を仕掛け、強大な国々を相手に戦うことになった。そして王国はこれら難敵を倒し、一層支配を強めて強大国家となって行った。

　やがて王国は更なる侵略戦争のために一層軍備を整備拡充して、戦略と戦術を練り外地へ戦いに出向いていった。それは定住の地から見ず知らずの土地への遠征であり、「旅」の類型であるといえる。

　紀元前13世紀に古代エジプト軍がシリアへ進軍してヒッタイトと覇権を争ったカデシュの戦いが、歴史上最初の軍事記録として残っている。これは成文化された平和条約が取り交わされた史上初の戦いであるともいわれている。エジプト軍が行軍してカデシュへ達した距離はおよそ600kmだったが、そこへ至るまでに要する時間の他にも、飲料水のない灼熱の砂漠をラクダを連れて行軍するため兵站などを計算しなければならず、その労苦は当時想像を絶するものだったと考えられる。それを可能にしたのは、兵士らの肉体的なタフネスに加えて、戦略面で現代の登山計画にも相通じる周辺の地勢的環境調査とその情報だった。

　その後紀元前4世紀になってマケドニアのアレクサンドロス大王が東へ東へと進軍した東方遠征の記録がある。筆者は図らずも2000年3月、カシミール山脈に近いパキスタンのタキシラからアフガニスタンとの国境・カイバル峠へ至る、アレクサンドロス大王が辿ったアジア・ハイウエイ1号線をジープとマイクロバスを乗り継いで走行した。途中ペシャワールなどの大都市ではその昔都市計画が整備されていたと推察できるものだった。しかし、郊外のサバンナ高原地帯から山岳地帯に入り、カイバル峠の国境周

Ⅰ　観光のあゆみ

アレクサンドロス大王が辿ったアジア・ハイウエイ１号線。アフガニスタンに一番近いパキスタンの街「ランディ・コタール」

辺に至れば、人を寄せ付けない険しい岩山の間を潜り抜ける厳しい道路があった。そこでは、僅かに昔ながらにパシュトゥーン人の集落が散在している光景を目にしただけだった。ここを古代紀元前に大軍が突破できたのは、古代ペルシアを一蹴した精鋭マケドニア軍が「旅」と地勢について相当周知していたからだったと想像できる。

　時代は下りその間地球上で幾千幾万の侵略戦争が繰り返されたが、西暦４世紀から８世紀にかけてヨーロッパ中に民族移動と呼ばれる全民族こぞって定住地を離れ、新天地を求める時代がやってきた。これが古代に終止符を打ち、中世の幕開けを告げる大きな変化、民族移動の動きだった。この民族移動は主にゲルマン民族とスラブ民族の移住によるものだったが、中でも歴史上注目すべきは、375年に始まったゲルマン民族の大移動は西ゴート人に

97

よるドナウ川越境がその起点となっていたことである。いくつも
の民族が混在するゲルマン民族は、現在のイベリア半島のスペイ
ンとポルトガル、フランス、ドイツ、イタリアなど今日のヨーロ
ッパのほとんどの国々を創始したのである。しかし、これらゲル
マン系国家もやがて滅びていく。

　その後ヨーロッパでは国家同士が宗教上の対立もあって勢力争
いに明け暮れた。中でも長いレコンキスタの末、1492年十字軍が
イスラム教徒をイベリア半島から排斥し、ヨーロッパ史を塗り替
えた歴史的事件が今日広く知られている。

　やがてヨーロッパ内の各国の対立の中から徐々に目が外へ向け
られ、海外へ乗り出す画期的な時代を迎えることになった。

⑤大航海時代の「旅」

　14世紀から15世紀にかけてスペインとポルトガルが先鞭をつけ
た大航海時代の幕が開けた。その道を拓いたのは、航海王と呼ば
れたポルトガルのエンリケ航海王子である。この大航海時代も外
の世界への興味と関心、侵略と欲望によってスタートしたものだ
ったが、その心奥には確かに「旅」への目覚めと心象風景があっ
た。

　15世紀地中海で航行性能の優れたキャラック船と呼ばれた頑丈
な帆船が開発、建造され、同時に避雷盤がイスラム教徒を介して
伝えられたことから遠洋航海が可能になった。

　この航海時代の波に乗ってジェノバの商人クリストファー・コ
ロンブスは、スペインのイザベラ女王の支援を受けキャラック船
サンタ・マリア号で大西洋西回り航海の末、1492年10月西インド
諸島バハマに到着し、それがアメリカ大陸の発見となった。コロ
ンブスに次いで1498年ヴァスコ・ダ・ガマは、アフリカ大陸の最

南端・喜望峰を経てヨーロッパ人として初めてインドに到着した。

　16世紀初頭の1519年、ポルトガルのフェルジナンド・マゼランは、スペインのセビリア港を出てアフリカ大陸最南端の喜望峰を回りマゼラン海峡を発見し、その後グアムを経てフィリピンへ上陸した。しかし、不運にも部族間の争いに巻き込まれたマゼランは同地で殺害され、3年後に艦長を喪った艦隊がセビリア港へ帰港し世界周航を達成した。

　時代的に一時代早い13世紀には、ヴェネチア商人のマルコ・ポーロが父や叔父とともにアジアへ「旅」した口述書が「東方見聞録」として広く伝えられている。3人が歩いたユーラシア大陸の距離は実に1万5000㎞といわれている。その間実に24年の時を費やした。マルコ・ポーロはモンゴルにも出かけて当時のモンゴル帝国皇帝フビライ・ハンにも謁見している。輸送機関のない時代にこれほどの距離を歩き通した3人には、何とかして未知の東アジアの国々をヨーロッパの人びとに紹介し、東洋探訪に関心を持って欲しいとの強い願望と執念が感じられる。マルコ・ポーロが語る「旅」日記は、13世紀当時の実態をかなり正確に描写しているが、実際には口述筆記した獄窓の囚人仲間だった作家ルスチケロが、マルコ・ポーロが訪れなかった土地について一部内容を付け加えたともいわれている。日本についてはジャパンの語源ともなった「ジパング」と呼び、「黄金の国」と紹介してヨーロッパの貴族階級に黄金に囲まれたジパングへの興味と関心を掻き立てた。しかし、マルコ・ポーロ自身が実際に訪れなかった当時の日本の様子が、どれほど正確に見聞録に書かれたものかは疑問の残るところである。「黄金の国」日本について「東方見聞録」には、次のように紹介されている。

　「ジパングは東方の島で、大洋の中にある。大陸から1500マイ

ル（約2400km）離れた大きな島で、住民は肌の色が白く礼儀正し
い。また、偶像崇拝者である。島では金が見つかるので、彼らは
限りなく金を所有している。しかし大陸からあまりに離れている
ので、この島に向かう商人はほとんどおらず、そのため法外の量
の金で溢れている。この島の君主の宮殿について、私は一つ驚く
べきことを語っておこう。その宮殿は、ちょうど私たちキリスト
教国の教会が鉛で屋根を葺くように、屋根がすべて純金で覆われ
ているので、その価値はほとんど計り知れないほどである。床も
２ドワ（約４cm）の厚みのある金の板が敷きつめられ、窓もまた
同様であるから、宮殿全体では、誰も想像することができないほ
どの並外れた富となる。また、この島には赤い鶏がたくさんいて、
すこぶる美味である。多量の宝石も産する。さて、フビライ・ハ
ンはこの島の豊かさを聞かされてこれを征服しようと思い、二人
の将軍に多数の船と騎兵と歩兵を付けて派遣した。将軍の一人は
アバタン、もう一人はジョンサインチンといい、二人とも賢く勇
敢であった。彼らは泉州と杭州の港から大洋に乗り出し、長い航
海の末にこの島に至った。上陸するとすぐに平野と村落を占領し
たが、城や町は奪うことができなかった」。

　この文章には、屋根がすべて純金で覆われているなど、かなり
誇張されて書かれていることが分かる。

⑥東アジアの胎動

　東アジアでは、中国が古来広大な領土を有し、長い歴史を重ね
て中国独自の文化を育んだ。世界の４大文明のひとつ、黄河文明
を興し、太古の時代に地球上に大きな文化的地殻変動を起こした
歴史上のエポックと、その影響力、更にその後の史実と今日に至
る足跡などを考えれば、中国はアジアの歴史上において国家とし

Ⅰ 観光のあゆみ

てその存在感は際立っているといえよう。

その中国では紀元前8世紀ごろから5世紀ごろまでの春秋時代に、周王朝から晋の分裂による覇権争いが続けられた。紀元前221年に至って中国国内に画期的な変動があった。秦の始皇帝が史上初めて中国全土を統一し最初の中国皇帝として即位し、君臨したのである。始皇帝は在位37年間に現代に伝わる数々の偉業を成し遂げた。その中でも最高のレガシーは、今日世界文化遺産として残されている「万里の長城」をおいて他にはないであろう。

同じころ北をロシア、南を中国に囲まれたモンゴルに新たな鳴動が起きた。中央ユーラシア大陸に生まれた遊牧民族の匈奴(きょうど)がモンゴル高原に旋風を起こし一大勢力を築き上げたのである。

やがて時代が大きく下り1206年その匈奴の後裔たちが、モンゴル帝国を創建し、その初代皇帝に就いたチンギス・ハン(成吉思

ユネスコの世界遺産(文化遺産)として登録された「万里の長城」

101

汗、在位：1206〜1227年）は、多くの集団に分かれて互いに対立、抗争していた数多くの遊牧民族を一代で統一した。チンギス・ハンは騎馬軍団を率いて隣国中国一帯にも進出しその存在感を示し始めた。その一方で、中央アジア、東ヨーロッパ方面にも侵攻し、これを次々に征服してその当時世界人口の半数以上を統治し、地球陸地の4分の1を支配する空前絶後の人類最大規模の「モンゴル帝国」の基盤を築き上げた。

チンギス・ハンの孫として生まれたモンゴル帝国第5代皇帝フビライ・ハンは、隣国中国へ進出して中国南宋の風習に馴染み、これを制度としてモンゴル帝国に採り入れた。「モンゴル王朝の中国王朝化」である。祖父チンギス・ハンの知力と行動力を受け継いだフビライは、積極的にモンゴルの中国化を図った。

フビライはモンゴル王朝で初めて中国風の元号を採用し、漢人官僚を集めた行政府を新設したり、モンゴル帝国の中心をモンゴル高原から大都（現、北京）に移転させるなど様々な中国化改革を打ち出した。破竹の勢いのフビライ帝の版図拡大の意欲はいささかも衰えることなく、更に極東方面に進出し高麗人を蹂躙し朝鮮半島も支配下に治めた。だが、日本はそのころまでモンゴル帝国とはまったく接触や交流がなかった。

ところが、フビライ帝の在位中日本の歴史上衝撃的な事件が起きた。世に知られる元寇である。鎌倉時代後期になって蒙古軍が日本を征服しようと襲来して来た。元寇は鎌倉幕府北条時宗将軍時代に2度に亘ってやって来た。

フビライはユーラシア大陸を東奔西走したが、前記のようにそのころヴェネチアの商人マルコ・ポーロも東方へ「旅」を続けていた。彼は東アジアの黄金の国「ジパング」についてフビライ帝に大仰に語り伝えた。フビライが日本へ関心を抱いたのは、マル

コ・ポーロから彼自身が見てもいなかった日本について真偽を取り交ぜ上塗りされた話を聞かされ、日本と日本の富に興味を持って日本に遠征し、侵略、支配しようと考えたからだといわれている。

1274年の文永の役では4万の兵、900隻の船で襲い、1281年弘安の役では10万の兵に3500隻の船でやって来た2度に亘る元寇は、偶々襲った神風により失敗したと一般に伝えられている。しかし、冬の時期は北九州地方に台風が襲来することは滅多になく、事実は鎌倉幕府が巧みな迎撃作戦を立て蒙古軍の上陸を阻止する防備を固めていたからだといわれている。鎌倉幕府はそのために過剰な軍事費用をつぎ込み、それが災いしてその後まもなく破滅の道を辿ったとも伝えられている。

この当時の侵略戦争を掘り下げてみると、その底流には「旅」につながる行動があることが窺い知れる。太古から中世に至るまで侵略戦争は、悉く「旅」の変幻自在のパターンの繰り返しであることも分かる。マルコ・ポーロや、モンゴル帝国の帝王、チンギス・ハンもフビライも度々遠大な「旅」を重ねていた。

2．日本人の「旅」と観光

①日本の「旅」の源流

日本で「旅」について考える時、それはヨーロッパや中国のような侵略戦争の発展に伴って「旅」を発展させたプロセスとはやや異なり、戦争や、大自然による地殻変動のような要素に大きな影響を受けたということはない。そこが島国日本と異民族の通過地となった大陸の「旅」の成り立ちが大きく異なる点であろう。それは与えられた土地を「一所懸命」に耕す農耕民族と、獲物を求めて外へ出て行く彼ら狩猟民族との民族的な違いであるともい

えよう。

原始時代日本はアジア大陸から①南方の琉球、②朝鮮半島、そして③北方の樺太方面の３方面から辿り着いた人びとが永住して、今日の日本人の祖先となり日本の先史を創ったといわれている。縄文式文化期を経て、紀元前1000年ごろには血縁集団である氏族社会が成立した。当初は母系制社会だったが、その後父系制社会へ移行していった。そのころには稲作を行い、農耕を主とする経済活動が始まった。定住した祖先大和民族はその周辺を開拓し、そこに留まり遠くへ移動することはなかった。

紀元前後になり当時の中国王朝から「倭」と呼ばれた古代日本は、部族国家が派生して小国家群時代に入った。その時代に倭の国王が中国後漢に使者を派遣し、光武帝より「漢委奴国王金印」の印綬を受けた。大陸との交流は、海を隔てていたこともあり極めて細々としたものだった。それでも中国と文化の窓口は開いていた。その後６世紀になって仏教の伝来とともに飛鳥文化が花開き、法隆寺が創建され、遣隋使、遣唐使派遣などを通して中国との交流を深めていった。やがて平城京を拠点に奈良文化が栄えて仏教国家の出現となった。庶民が仏様に世の中の安寧を願い、自らの長寿を祈るために近くの寺へお参りするようになった。この行動こそが、庶民が「旅」へ踏み出す大きなきっかけとなった。

②「旅」の始まりと普及・定着

イギリス、スペインなどのヨーロッパ諸国のように強力な支配権を有して君臨し、国外へ侵略して植民地化し領土を拡大していった強大な専制君主国家とは異なり、日本には海外にまで進出し広大な版図を治めるほど強大な権力者は歴史上現れていない。ひとつの時代の扉を開けた武士としては、精々「驕れるもの久しか

らず」といわれた平家の総大将・平清盛、その平家を倒し武家社会へ道を開いた初代征夷大将軍・源頼朝、戦国時代の絶対君主・織田信長、そして日本全国を支配統一して幕府を開いた徳川家康らに僅かにその片鱗を見るに過ぎない。

彼らはそれぞれ国家の社会体制固めとして、清盛は仏教を擁護し、世俗化を図り、頼朝は守護・地頭を配して武家への支配力を強め、信長は一向一揆を抑え込み、家康は関ケ原の戦いに勝ち諸国を平定した。それぞれに仏教との関わりを強めて、仏僧を北宋、南宋、元に派遣して大陸の文明を受け入れた。仏教の興隆とともに日本国内に宗派を問わず、大小多くの仏教寺院が建設された。庶民は毎日近くの寺へお参りするようになった。次第に同じ信仰心を持つ地域社会の仲間が寄り合い「講」と呼ばれる結社を作り、同じ「講」仲間が自分たちの信仰する氏神を尊崇する機運が高まった。やがて「講」仲間は期日を決めて誘い合わせて日ごろからお参りしている寺の本寺へ参詣するようになった。時には、お互いに誘い合わせて花見や、遠出をするようになった。「講」も参加者の数が増えるにつれてまとまって行動するようになり、それまでの行き当たりばったりの単なる「旅」ではなく、第三者を通じて観光的で教育的な要素を含む「旅行」が生まれた。

それが江戸時代に入り「お伊勢参り」となって、観光発展の推進力となっていった。御師(伊勢では「おんし」という)と呼ばれる特定の寺社に所属する下級の神職が大勢の参拝客をまとめて参拝、宿泊を世話する旅行あっせん業のような職業を始めた。これを機に「旅」をする人に手配サービスを提供するプロフェッショナルが現れるようになった。

庶民にはまだ「旅」の意識はなく、「旅」を経験した人も少なく、封建制社会では生まれた土地で生涯を終えるのが大半だった。だ

が、平安時代から鎌倉時代にかけて仏教の興隆とともに全国を巡礼しながら修行や布教をする僧侶が現れるようになった。とりわけ栄西、法然、親鸞、道元、日蓮上人など名だたる僧侶らが各地を巡礼するようになった。こうして「旅」が仏教布教の過程で徐々に普遍化していった。

　それまで庶民は強制されなければ、よほどのことでもない限り自ら遠くへ出かけることなどなかった。従って、「旅」についてはほとんど公式な記録としては残されていない。中世になって文学上に漸く「旅」の記録が残されるようになった。それはプライベートな「旅」だった。その端緒となったのが、平安時代において三十六歌仙のひとりで「古今和歌集」の選者だった歌人、紀貫之が書いた「土佐日記」と、鎌倉時代中期に平家の縁者、阿仏尼が著した「十六夜日記」である。

　「土佐日記」は、紀貫之が930年から約4年間土佐に国司として務め、任期を終えて舟で京都へ帰る55日間の「舟旅」道中において、任期中の思い出話や、「旅」の感情・情緒を日記風に綴ったプライベートな見聞記である。

　しかし、「男もすなる日記といふものを女もしてみむとてするなり」で始まる有名な書き出しに見られるように、貫之がなぜ侍女になりすまして女人が書くものとされていた全編ひらがな文に拘ったのか本当の理由は今以て不明である。

　「十六夜日記」は、鎌倉時代京都に住んでいた阿仏尼が、異母兄と実子との所領相続に絡んでわが子の身を思うあまり、一旦は譲った財産を取り戻すため鎌倉幕府の武家法による裁断を直訴して、60歳にして京都から鎌倉へ下った道すがら各地で見聞した風物や出来事を書き綴った作品である。

　この2つの文学作品は、いずれもその時代に生まれた優れた紀

行記であるが、特筆したいのは、あの時代に歌人だった役人のひとりが帰任の途次に見聞した印象を文に託す心境と、女性が活躍できなかった時代に高齢の女性が公平中立な裁断を求めて遠方まで旅した強い心意気である。

世に知られる歌人、紀貫之と阿仏尼の2人は、それぞれ生きた時代は別であったが、土地が移り変わるそれぞれの「旅」において、「旅」それ自体を自ら楽しむ気持ちと同時に、「旅」の原点である各地特有の風物・習慣や、庶民の生活に深く興味を惹かれた。それが「旅」には楽しい事象があるということを見出し、それを書き伝えたいとの思いが、後世に残る名作を生み出すことになった。かの傑作を誕生させた底流には、あの時代において「旅」への強い憧憬があったからだと考えられる。

③紀行文に見る「旅」と参勤交代

江戸時代になって血なまぐさい戦いがなくなり徳川幕府の下に安定した社会が築かれるようになり、庶民の生活も落ち着いたものになるにつれ、彼らの気持ちにも自然に心のゆとりが生まれるようになった。

徳川幕府は長崎を外国との交流の唯一の窓口として、細々と外国とのパイプをつないでいたが、鎖国政策を敷いて外国との交信、交流を遮断していた。17世紀にはキリスト教徒にとって微かな交流ルートも島原の乱が起きた結果、幕府は外国との交流を一切禁止した。見知らぬ土地、異国と切磋琢磨する文化の交流はもとより、物的交流は当然ご法度にしてしまったのである。今日でいう経済封鎖を自らに課して自らの首を絞めたものと変わりがない。大きく伸びる可能性の芽を摘むことによって外国人の訪問を拒んだばかりでなく、日本人を日本国内に封じ込んで産業も交易も沈

滞化させ、国家国民に自給自足を強いることになった。

　徳川幕府が全国の隅々まで強権的に直轄支配することにより牙を抜かれた日本各地の大名は、3代将軍家光になると「武家諸法度」で決められた参勤交代制度により1年おきに江戸へ出仕しなければならなくなった。しかし、その反面「旅」の観点からこの定期的で大掛かりな集団移動、つまり同じ武士仲間が揃って1年おきに「旅」する情景が、意外にも後年庶民をして「旅」に目覚めさせ大衆化させる起爆剤ともなった。

　参勤交代は、結果的に諸大名に出費を強いて藩の財政に過重な負担をかけさせ軍事力を削ぎ、幕府への反抗、謀反などを抑止する効果を上げた。時の徳川将軍への恭順の意を表すため、地方の藩主は時間と多額の費用をかけて江戸城へ大勢のお供を連れ参上した。全国各地から江戸へ向かう大掛かりな武士集団の大名行列の光景が、街道筋の庶民の目に感動と驚きを伴って入ってきた。この参勤交代こそが、江戸と大名の国元を直結する街道筋の宿場町を整備することに一役買うことになった。宿場町には各地から多くの人が集まり、旅籠や商店が営まれ芝居小屋や料亭、待合などが開設されて街道筋の街や集落は賑わい、繁栄して行った。

　このように徳川幕府が律した封建支配体制が長く続いた結果、図らずも平穏な庶民社会の底辺に観光の種が蒔かれることになったのである。宿や商店が開かれ大勢の人が集まり、それを見込んで馬、馬車、駕篭、渡し船など交通手段の他に、江戸を目指した五街道が整備された。次第に賑わいは膨れて観光、並びに観光産業の下地が生まれた。

　こうした社会現象を背景にして、江戸時代前期にひとりの俳諧師が出立し、その旅の感想や印象を記録して貴重な紀行文を残した。

I　観光のあゆみ

月日は百代の過客にして 行きかふ年も 又旅人也

に始まる松尾芭蕉の佳作「おくのほそ道」である。伊賀の国に生まれた芭蕉は、30歳を過ぎて江戸日本橋に居を移した。40歳の時「野さらし紀行」の「旅」で東海道を西へ向かった。1年後江戸へ戻った芭蕉は、西行500回忌に当たる4年後の1689（元禄2）年、弟子の曽良を伴い「おくのほそ道」の「旅」に出た。未知の国々を巡る道中で今日に伝わるいくつもの名句を詠んだ。その中には誰もが知るあまりにも有名になった佳作がある。土地を移り変わりながら「旅」で目に入るシーンを静かに懐旧し、自然、静寂、夢、ロマン、喜怒哀楽などを合わせ想いつつ詠みあげた。そこには自然の素晴らしさに感動している姿が瞼に浮かんでくる。

　　夏草や 兵どもが 夢の跡　　　　　　（岩手県平泉町）
　　閑さや 岩にしみ入る 蝉の声　　　　（山形市立石寺）
　　五月雨を あつめて早し 最上川　　　（山形県大石田町）
　　荒海や 佐渡によこたふ 天の川　　　（新潟県出雲崎町）

　芭蕉は奥州から日本海沿岸に出て、海沿いに南下して新潟から金沢、敦賀を経て終着地の岐阜県大垣へ向かった。5ヵ月間の行程で2400km、1日に50kmを歩くこともあったというから、当時老境に近いと見られた芭蕉の身にとってはやや強行軍だったように思える。
　芭蕉は大垣から江戸に戻った後も、度々「旅」に出て、息を引き取ったのは大阪御堂筋の旅宿だった。50歳の芭蕉の生前最後の句となったのが、有名な次の句である。

旅に病んで 夢は枯野を かけ廻る

　江戸時代の「旅」の世相を反映している作品には、他にもユニークなものがある。今日の観光の原型の一端を映し、少なからず影響を与えている十返舎一九の「東海道中膝栗毛」である。弥次さん、喜多さんという親しみやすい市井の人物が厄払いのためにお伊勢参りの「旅」に出る大衆的な作品である。庶民の間には「旅」が観光の手段として広く定着しつつあったことを感じさせる。

④教育としての「旅」と家族旅行

　内向き志向の日本人が、徐々に平素の生活空間から「旅」の世界へ出かけるようになったのは、信心深い日本人らしく寺社への参詣がきっかけだった。平穏な日常生活の中で思い切って殻を破って「講」としての熊野参りやお伊勢参りが、多くの信心深い人たちの憧れとなり、「旅」志向に火が点いた。また、庶民の間には祭りや村々の行事が終わった後に癒しとして温泉に出かける風習が、娯楽としての旅行となって流行していった。

　一方で、家の主人が出かける「旅」が広まっていくにつれ、家庭内に残された家族の「旅」の娯楽はどうだっただろうか。長く封建制度が続いた日本では、家庭内でも男尊女卑、長幼の序、長子相続のように戸主である父親が威厳を保ち、長男が家督を相続する習慣が長く続いていた。家庭内では、妻や長男以外の子らが優遇されることは少なく、家庭内には長い間家族団らんや家族旅行のような温かいマイホーム主義が中々根付かなかった。家庭の中で一般的に娯楽を楽しむようになったのは、ごく近代に入ってからのことである。時流に乗り家計にゆとりが生まれたことが大

I　観光のあゆみ

きい。学校教育の現場においても次第に「旅行」が授業の一環と
して採り入れられていった。それは遠足であり、修学旅行である。
「旅」がもたらす教育的効果が評価されるようになったのである。

　現在では文部科学省の学習指導要綱にも、修学旅行は特別活動
として学校で行うべき行事として明記されている。当初は幼い子
どもたちは学校で先生に連れられて野外で写生をしたり、近くの
小公園などで走り回って戯れる程度のものでしかなかった。今で
は幼児教育から遠足が採り入れられ、子どもたちは幼いころより
集団で旅へ出る機会に恵まれるようになった。そして中学校から
高校へ進学するにつれ、学校の旅行は友だちと無目的な旅ではな
く、学校行事の一環として、教職員に引率されて集団となって宿
泊を伴う見学、研修を行う旅行となった。特に中高生の修学旅行
には、「宿泊を伴うこと」「行き先がある程度遠隔地であること」
など条件が付けられ、小学生の遠足や、社会見学などとは別に考
えられるようになった。

　学校行事としての旅行は、1882(明治14)年に栃木一中(現栃木
県立宇都宮高校)生が教員に引率されて東京上野で開催された第
2回内国勧業博覧会を見学したことが、日本での「学生・生徒の
集団旅行」の始まりといわれている。

　修学旅行は、1886(明治19)年に学校令が制定され、同年東京師
範学校生が千葉方面へ11日間の長途遠足をしたことが最初の記録
として残っている。

　小学校については、初等科は宿泊を要する旅行は1900年「小学
校の事業として穏当ならざるを認む」として禁止され、高等科に
ついては宿泊旅行を許可制とした。しかし、私学には、大正時代
以前に海上旅行と称して長期間に亘って社会見学をした、慶應義
塾幼稚舎の小学生にしてはやや贅沢な修学旅行もあった。関東大

111

震災発生2ヵ月前の1923(大正12)年7月、東京から鉄道と青函連絡船を乗り継ぎ、松島、仙台、浅虫、青森、函館、小樽、札幌方面など北海道まで出かけている。これに参加した岡本太郎、藤山一郎らも竹馬の友と楽しいひとときを過ごし、終生忘れられない思い出となったことが卒業アルバムから読み取れる。

　その後は全国公私立を問わず、卒業前に教育的効果が得られるような施設の見学をすることが修学旅行の定番となり、今や全中学校の97％（3泊）、高校の84％（4泊）が修学旅行を実施している。子どものころに学校で遠足や修学旅行のような「旅行」を実体験することによって子どもたちはその体験を家庭に持ち帰り、家族とともにまた旅行を楽しむようになっていった。

　今でこそ幼いころに家族旅行を楽しむ家庭が多くなったが、経済的に恵まれなかった一時期は、ほとんどの子どもたちは自宅、あるいは住んでいる地域周辺を出た初めての旅が学校の遠足であ

青函連絡船上の慶應義塾幼稚舎の修学旅行

り、修学旅行だった。それほど学校教育の場における遠足など団体旅行の影響は大きかった。

⑤娯楽、レジャーとしての「旅」

　伊勢神宮への参詣と同じように、富士山、出羽三山、高野山、金刀比羅宮、大山阿夫利神社などが参詣の対象として広く知られるようになり、多くの信者が「講」を作り、旅費を積み立ててあっせん業者の手を借りながら何年かに１度揃って出かけるようになった。同じ「講」の仲間と参詣を済ませた後、慰労、慰安、懇親、社交の意味を含めてゆっくり温泉などに浸かって気分転換と明日への英気を養ったものと考えられる。どこか戦後の一時期流行った会社の社員慰安旅行にも相通じるものがある。

　戦後、観光産業には長らく光が当たらなかったが、経済復興とともに国民の所得が増え、インフラ面で鉄道や道路網など交通機関の飛躍的進歩、発展、加えて出版物やメディアによる旅行情報の普及、拡充に支えられて観光業は発展していった。

　漸く世間に認知され定着した「旅」が、今日外国を巻き込むような形で観光業の核として隆盛するとはかつては想像もできないことだった。

　一方で、内気で生真面目な日本人には、一部で観光は暇つぶしとも考えられ、外で羽根を伸ばす遊び人の遊興ぐらいにしか考えられていなかった側面があった。ややもすると「旅」と観光が一体化されて博打、賭博、遊興などの観光ファクターはマイナス思考で捉えられ、観光を評価する声は減殺された。

　そんな遊興的観光軽視の風潮を受けたのだろうか、国の観光業界に対する見方は当初冷ややかなものだった。幸い観光業界の関係団体が一体となり、彼らが長い間ひたすら自助努力を積み重ね

てきた結果、国内観光産業は漸く軌道に乗った。近年になって訪日外国人旅行者も増えて外国人旅行市場（インバウンド）も活況を呈し成長性を予測させるまでに至った。海外旅行（アウトバウンド）に加えて、インバウンドの成長も見込まれ、その活況が観光業界全体を繁栄させるばかりでなく、日本の国際収支向上に貢献することが見通せるようになり、国も遅まきながら観光業界に目を向けるようになった。

　その点について「新・観光立国論」の著者として知られ、日本の観光事情に詳しいイギリス人デービッド・アトキンソン氏は、日本が観光大国の３条件として「国の知名度」「交通アクセス」「治安のよさ」を有していることを高く評価しながらも、これまで日本が観光業に力を入れてこなかった理由について鋭く指摘している。それは日本が明治以来これまで軍事産業、製造業、重工業など重厚長大産業に傾斜して、外国人観光客を受け入れる「輸出サービス業」という成長産業に端から関心を示さず、戦略がなかった点でこれまでの日本の観光行政の在り方について批判的な見方をしていることである。

⑥旅を知り、旅を発展させる

　学校内の遠足や修学旅行を純粋に教育的視点で捉えがちの日本人の間にも、やがて経済的余裕が生まれたことから、家族とともにレジャーを楽しむ傾向が生まれてきた。新婚旅行を始め、国内の旅行は近くの観光地から徐々に遠隔地の北海道や九州・沖縄方面へ足が伸びて行った。これを後押ししたのが、遠距離交通機関の発達である。航空路線が拡充され、新幹線路線の開発・拡充や、高速道路網の開発・発展に伴い遠距離バス路線が整備され、利用者の遥かな旅行への憧れをいやがうえにも掻き立てた。

Ⅰ　観光のあゆみ

　1964年東京オリンピック開催に合わせて東海道新幹線が開業した。1970年当時の国鉄が仕掛けたキャンペーン「ディスカバー・ジャパン」がヒットして、新幹線個人客は着実に伸びていった。その後山陽、東北、上越新幹線が次々と開通した。華々しい新幹線の開業の一方で、1987年４月経営破綻に陥った日本国有鉄道は、６つのJR旅客鉄道会社と日本貨物鉄道会社等に分割され、民間企業として新たに発足することになった。

　身軽になったJR各社はそれぞれ新幹線のサービス拡充に努め、現在も新たな新幹線が各地で計画、建設中である。乗客数も開業以来うなぎのぼりに増え2015年度の年間利用者数は３億6000万人に達した。

　全国に新幹線網が整備されたことによって、国民は容易に遠隔地へ旅行することが可能になった。今では小学生の修学旅行にも新幹線が利用されるようになり、遠方の世界遺産見学やへき地訪問も容易に手が届くようになった。

　経済成長につれて国民の間に余暇への関心が増して、旅行人気はいやがうえにも高まり、個人、団体を問わず旅行ブームがやってきた。それに火を灯したのが、1970年に大阪府吹田市で開催された万国博覧会（大阪万博、EXPO’70）である。万博開催中に当初の目標入場者3000万人を遥かに上回る、実に6400万余りの人びとが世界中から見学に訪れた。半年間に日本の人口の半数に匹敵する観光客が大阪へやって来たことになる。そこには想像を遥かに超える莫大な経済効果があった。その万博人気と効果を、政府、自治体ともに見逃すことはなかった。その後不定期ではあったが、大阪万博を見習った個性的な博覧会が次々と開催された。

115

(1) 日本万国博覧会(大阪万博、EXPO'70)
  1970年3月～9月、会場:大阪千里丘陵、テーマ「人類の進歩と調和」、参加国:77ヵ国+4国際機関、入場者数:6422万人
(2) 沖縄国際海洋博覧会(沖縄海洋博)
  1975年7月～76年1月、会場:沖縄、テーマ「海-その望ましい未来」、参加国:36ヵ国+3国際機関、入場者数:349万人
(3) 国際科学技術博覧会(つくば万博)
  1985年3月～9月、会場:筑波研究学園都市、テーマ「人間・住居・環境と科学技術、参加国:48ヵ国+37国際機関、入場者数:2033万人

1970年に開催された大阪万博。「月の石」が人気を呼んだ

Ⅰ　観光のあゆみ

（4）国際花と緑の博覧会（花の万博）

　　1990年４月～９月、会場：大阪鶴見緑地、テーマ「花と緑と
　　生活の関わりを捉え21世紀へ向けて潤いのある社会の創造を
　　目指す」、参加国：83ヵ国＋55国際機関＋園芸関係等の国際
　　団体、入場者：2312万人

（5）2005年日本国際博覧会（愛・地球博）

　　2005年３月～９月、会場：愛知県瀬戸市・豊田市・長久手町、
　　テーマ「自然の叡智」、参加国：121ヵ国＋４国際機関、入場
　　者：2204万人

　このように大きなイベントやエンターテイメントが国内で度々
行われるようになり、多くの集客が見込めるようになった成功体
験により、民間サイドでも独自にプロジェクトを立ち上げ、魅力
的な大型テーマパークを建設しオープンする動きも見られるよう
になった。

　そのひとつが、1983年４月、千葉県浦安市に開業した東京ディ
ズニーランド（TDL）で、開業１年目にして993万人の入場者が訪
れた。2016年その数は1654万人に達した。その成功によりTDL
は隣接地に新たに東京ディズニーシーを開園し、ディズニーリゾ
ートとして飛躍的にステップアップし、2018年の入場者数は２つ
の施設を合わせて3255万人を数えた。企画、営業、運営面での東
京ディズニーランドの成功は、レジャー時代の幕開けとなって各
地に分散して同じようなレジャー施設が開設された。TDLの後
を追うようにしてユニバーサル・スタジオ・ジャパン（大阪市）、
ナガシマ・スパーランド（三重県桑名市）、ハウステンボス（長崎
県佐世保市）などの大型テーマパークが相次いで開園された。そ
の界隈には宿泊施設もオープンして地域周辺が一体となった賑わ

117

いが創出され、観光産業による町おこしとなった。

　観光業者や旅行業者も数多く誕生し、旅行者はいつでもどこで
も気兼ねなく相談できるようになった。多くの人びとが旅を知り、
旅の面白さや魅力を知るようになった。年々旅行者の数は増えて
いった。それに伴い観光施設も改善、整備され、観光客の気持ち
に応えるようになった。

　近年、観光の発展と観光業の成熟とともに日本人は漸く自らが
好む旅を心掛けるようになった。欧米人の旅志向に合わせるよう
に観光市場を形成することによって、観光先進国型へ歩一歩と近
づいて来ているのである。

⑦国内旅行から海外旅行へ

　1953年、日本でテレビ放送が開始された。1959年、皇太子殿下
（現上皇）ご成婚記念パレードの実況中継が、一般家庭にテレビが
普及する大きなうねりとなった。テレビ放送が本格化することに
よってそれまで新聞などの紙媒体やラジオなどでしか入ってこな
かった世界のあらゆるホットニュースが、ビジュアル化されて各
家庭に入り込み、リアルに国民の目に伝えられるようになった。
一気に国民に伝わる情報量が増し、世界の隅々からホットで生々
しいニュースが庶民の家庭にも次々と飛び込んで来るようになっ
た。

　それはテレビ視聴者を問わず、国民が海外への関心を持ち始め
る大きなきっかけになった。そうなると狭い島国から「百聞は一
見に如かず」とばかり海外へ飛び出して大きな世界、未知の世界
を見てみたいと思うのは庶民の当然の心理であろう。

　終戦後長きに亘ってハリウッド映画が外国の風景や風物を紹介
して、日本人の外国への憧れを掻き立てたが、所詮それは儚い夢

I 観光のあゆみ

でしかなかった。だが、テレビの映像を通して伝えられる、まだ見ぬ外国の風景や実際に起きたドキュメントは、日本人の心に強い衝撃を与えた。とりわけ好奇心の強い若者の魂を揺さぶった。

何とかして外国へ行ってみたい。それは海外のフレッシュな空気に触れ、珍しい事物に触れてみたいという異国文化への憧れに火を点した。それでもごく一部の国民を除いて外国へ渡航できる日本人は限られていた。情報は雨のようになって降り注ぐが、それらの情報を求めて日本を脱出することは、普通の庶民にはまだ難しかった。国内旅行は自由に行ける環境にありながら、海外旅行はまだ鎖国時代のままだった。それは、その当時多額の外貨を消費する海外旅行は外貨の無駄遣いと見られ、国家の財政事情がそれを許さなかったからである。資源に乏しい日本が生きていく道は、優れた商品を作り、それを海外へ輸出して稼ぎ貿易収支を好転させて国の懐を豊かにすることでしかなかった。

戦後若干の変動はあったが、漸く日本の貿易収支が安定的に黒字となったのは、1958年ごろからで、時代的にはちょうど皇太子ご成婚とテレビが普及し始めたころである。日本経済の復興期は、1950年に勃発した朝鮮戦争による特需景気の恩恵を受けた時から、1954年に始まる高度経済成長の間に、「もはや戦後ではない」と言わしめるほど奇跡的な復興を成し遂げて世界を驚かせ、経済成長路線を歩み続けた。

国民が待ち望んでいた海外旅行が漸く自由化されたのは、東京オリンピックが開催された1964年4月だった。好調な貿易のお陰で年々外貨事情は好転していった。海外旅行解禁の声を受け入れるならこの機を外せないと、国家の財布の紐を緩めて「海外旅行」という輸入サービス業に不安を覚えながらも国はついにそれを認めざるを得なくなった。

119

それでも海外渡航は自由化といいながら厳しい条件・制約が課せられた。当初、海外旅行者が1個人として持ち出せる外貨額は、年1回の渡航につき500米ドルの制限があった。それでもそれまで一部の日本人にしか海外渡航のチャンスが与えられなかったことを考えれば、この海外渡航自由化も第2の文明開化到来といえる。だが、海外旅行自由化元年に当たる1964年の旅券発給件数は、僅か12万4000冊にしか過ぎなかった。日本人にとって海外旅行は、夜明け前の曙光だった。それが2018年の日本人海外旅行者は1895万人となり、その間55年間に実に153倍も増えた。外国人訪日旅行者もその年3119万人にまで増えた。まさに旅行者にとってはもちろん、観光業者にとっても昔日の感であり、夢溢れるパラダイスでもある。

　海外旅行が自由化された翌々年の1966年、初めてひとりで海外武者修行にトライした筆者は、ベトナム戦時下のサイゴン（現ホ

ベトナム戦時下のサイゴン（ホーチミン）

　　　　　　　　　　　　　　　　　　　　Ⅰ　観光のあゆみ

ーチミン）のような危険で、普通の旅行者が足を踏み入れない特
殊な地域を旅したせいもあったが、11日間の旅行中誰ひとりとし
て日本人に会うことはなかった。その翌年1967年には戒厳令下の
アンマン市内でヨルダン軍隊に身柄を拘束され、解放直後に偶々
フセイン前国王取材のため居合わせた日本のテレビ取材班にイン
タビューされたが、彼らが１ヵ月近い旅行中に出会った唯一の日
本人だった。それほど世界ではまだ日本人の海外旅行者は珍しく、
少なかった時代だったといえる。
　その後、海外旅行者に課せられた旅行上の制約が徐々に取り払
われ、旅行しやすくなった。持ち出し外貨額が500米ドルから700
米ドルに拡大され、その後制限は取り払われた。
　そして1973年から変動相場制への移行が始まり、円高が進んだ。
海外旅行者は毎年40％以上増加して、1973年その伸び率は対前年
比64.4％を記録して過去最高となった。1974年と翌年には第１次
石油ショックによる不況のために、一時的に海外旅行者数は対前
年伸び率において後退したものの、海外旅行自由化以後1979年ま
で16年連続プラス成長が続き、その間16年間の対前年伸び率は、
実に年平均25.9％増と著しい成長を示した。海外旅行市場はうけ
に入ったのである。
　しかし、1979年に第２次石油ショックが発生し、翌1980年の日
本人海外旅行者数は、海外旅行自由化後初めてマイナス成長を記
録した。深刻な経済不況による原油の高騰が航空運賃にはね返り、
旅行関連商品の価格が上昇したこともあり、海外旅行市場が急速
に冷え込んだ。それでも、海外旅行者数が減少したのは、もちろ
ん海外旅行自体や観光地の魅力が失われたということではない。
幸いにも1980年代後半になって社会情勢の変化に伴い、それまで
の働き盛りの30代、40代の男性に代わって、若者や女性が進んで

121

海外旅行へ出かけるようになり、旅行者層の構成に変化が現れてきた。その後、女性旅行者数は大きく伸びて1980年に全旅行者の29.4％だったシェアが、1989年には実に38.2％にまで増加したのである。その間1984年には第2次石油ショック不況を脱して、翌1985年にはプラザ合意以来の円高による海外旅行費用の低廉化や、バブル景気を背景に海外旅行者数は着実に増加した。

　このころ政府財政当局、並びに運輸省（現国土交通省）内に以前にはとても考えられなかったような斬新な戦略的観光構想が持ち上がり、国はこれを「テン・ミリオン計画」と名付けて日本人の海外旅行倍増計画を打ち出し、実行したのである。その当時日本の経済は活況を呈していたこともあり、とりわけ輸出関連産業は潤っていた。国際収支は黒字化して国の財政も多少余裕のある好環境になった。

　その一方で、黒字化を手放しでは喜べない忸怩たる事情もあった。日本製品の輸出拡大による貿易の不均衡について財政的に苦しくなった先進国や、発展途上国から厳しい目を向けられるようになったのである。日本政府は、この問題を長期的な観光産業発展の視点で受け止め、同時に諸外国との観光、交流の拡大をテーマとして掲げ、日本人の海外旅行促進のために総合的な諸施策を実施し、積極的に外貨減らしの「海外旅行倍増計画」の具体案を打ち出した。それが「テン・ミリオン計画」だった。

　それにしても、かつては外貨の無駄遣いとして海外旅行者を厳しい目で見ていた日本政府の財政、および観光当局が、かくも態度を豹変させるとは、当時を知る観光業者にとってはまさに昔日の感だった。幸い円高、好景気などの追い風もあって1986年に500万人だった海外旅行者が、目標より1年早く1990年には1000万人の大台を突破し、「テン・ミリオン計画」は時勢に乗って、

122

順調に所期の目的を達成することができた。

　その後、海外旅行者数は、1991年湾岸戦争、2001年ニューヨーク同時多発テロ、2003年イラク戦争など世界的に驚愕的な事件の発生による旅行自粛ムードのプロセスで、紆余曲折を経ながらも長期的に見て日本人海外旅行者数は堅調に伸びている。

　2018年、日本人海外旅行者数は1895万人となった。そしてこれからも旅と外国の魅力に気づき、憑りつかれた日本人の海外旅行者は増え続けていくことであろう。

⑧日本人気のインバウンド

　日本人の海外旅行者が増え、海外旅行ブームが喧伝されるようになって久しい。お洒落な海外商品が溢れて老若男女を問わず人気が高まり、一昔前に比べれば、巷には高級でセレブなファッションが見られるようになった。そのムードに伍して外国人の間にも日本人気が生まれ、純粋に日本旅行を楽しみたいという外国人が増えてきた。1970年の大阪万博で国内旅行者が大幅に増えたように、日本を訪れる外国人旅行者も前年に比べて40.4％も増え、約80万人が日本を訪れた。彼らが日本を訪れるようになったのは、1964年東京オリンピック開催がひとつの契機となった。その主流となったのはアメリカ人を中心とする北米からの旅行者で、全体のほぼ5割を占めていた。

　当初は東洋の不思議な魅力に興味を抱き漠然と日本を訪れていた外国人旅行者も、次第に未知の世界と日本的風俗や、文化、自然、史跡などに惹かれて目的を持って日本を訪れるようになった。彼らは東京、京都、奈良など観光都市ばかりでなく地方都市も訪れるようになった。

　いうまでもなく旅行業は基本的に平和産業である。旅行につい

て確信を持っていえることは、治安の安定した時期、および地域でないと心から「旅」を楽しめないということである。その地域にとって治安が不安定だったり、戦争やテロ、自然災害が発生した時には、誰もそこへ旅行しようという気にはなれない。仮に国内で自然災害や大きなトラブルが発生すると、それがマイナス要因になって旅行者数は減少する。国外でも戦争やテロなどの社会的現象や、経済的マイナス要因によって日本人海外旅行者、および外国人訪日旅行者の数は大きな影響を受ける。

　日本が本格的に外国人旅行者を受け入れるようになって以来、インバウンド史上において影響を及ぼす国内外のプラス、およびマイナス要因がいくつかあった。

　大阪万博後、開催された各種の博覧会、2002年サッカー・ワールドカップ日韓共同開催、2003年政府主導によるビジット・ジャパン・キャンペーン（VJC）などが外国人を呼び込んだが、そればかりではなく他にインバウンドにとって実質的なプラス要因があった。それは、アジアの国々の他動的要因があったことが大きい。1979年台湾、そして1989年韓国が海外渡航自由化を認めたことであり、2000年中国から初の団体旅行訪日、更に2005年に韓国、台湾からの旅行者へのビザ免除、中国人のビザ発給対象地域の拡大など制度の緩和が大きくインバウンドの拡大に貢献したことである。

　他方、この間世界を揺るがす衝撃的な社会的・経済的できごとが世界各地で連鎖的に頻発した。そしてそれらが世界の旅行市場を急速に収縮させた。1973年変動相場制移行による円高昂進、1995年阪神・淡路大震災、地下鉄サリン事件、1998年アジア経済危機、2001年ニューヨーク同時多発テロ、同じころから活発に活動しだしたイスラム過激派組織によるテロ、2003年イラク戦争勃

発、2008年世界的規模の食料危機、2011年東日本大震災等々、大きなトラブルが頻発した。

それでもVJC以降外国人入国者数は順調に伸びていった。その中でその数が大きく後退した年が2度ある。1度は2007〜2008年に旱魃による世界的食糧危機と、2008年のチベット動乱がそのダメージを翌年まで引きずったせいで、2009年の外国人旅行者が初めて対前年18.7％もの減少となった時である。そして2度目は、2011年の東日本大震災の影響をまともに受け、前年比で27.8％という大幅な減少を示した時である。それでも旅行環境の整備とともにその後数字は段階的に回復し、政府の適切な外国人招致策も相まって、官民一体となった外国人受け入れ策が一層整えられるにつれ、その数は漸次回復に向かい、その後は毎年2桁の成長を見せている。

それまで日本人海外旅行者の数が毎年のように増え続けている中で、阪神・淡路大震災が起きた1995年には、1500万人を数えた旅行者が、2017年には1700万人ほどで僅か13.3％しか増加していない。それに比べて同時期の訪日外国人旅行者の数は330万人から2800万人にまで増加した。実に8.5倍も伸び、その勢いは完全にインバウンドがアウトバウンドを凌駕した。この数字からも推測できるように、近年はアウトバウンドの伸びがそろそろ天井に近づいているのに対して、インバウンド・マーケットは今後も伸びる可能性を秘めている。

インバウンド業界の収益構造もそれまで外国人がそれほど多く訪れなかったようなところでは、当然芳しくはなかったが、訪日外国人が増えるにつれ都市や地域内で受け入れ体制も整備され、すべてが効率的になった。それに伴い収益は少しずつ改善され、今では重要な輸出サービス産業として財政的にも改善され、国家

の懐を潤している。それは数字のうえでもはっきり表れている。因みに2015年日本の国際観光収支は、それまでの恒常的赤字から脱却して念願だった黒字を計上することができた。2017年になると観光収支面では、アジアでタイ、マカオに次いで、世界のベスト10入りを果たすまでになった。今後外国人観光客の著しい伸び率を考えると、観光業は日本の基幹産業として従来の重厚長大産業に伍して日本を大きく成長させる可能性を秘めている。

これまで観光業界は懸命になって国内観光を第一歩から立ち上げ地道に周辺環境を整備、育成し、時代とともに海外旅行を根付かせ普及させ、そして外国人を対象とするインバウンドを発展させることに道をつけてきた。観光業の埋もれた価値とその重要さに遅ればせながら気がついた国が、この流れとムードにやっと重い腰を上げ支援するようになり、国家プロジェクトとして力を注ぐようになった。

今後、日本の観光業の伸長の度合いは、インバウンドにかかっているといっても過言ではない。民間と国が一体となってどうやって良き日本の伝統文化と、自然を主とする日本固有のメリットを広く浸透させ、外国人が自然に日本に興味を抱き、数多く訪れるようになるかを長期的視点に立って考えることが求められる。

⑨令和時代の観光

人は古代竪穴式住居から抜け出て居住地を変えながら長い歳月を費やして今日まで生き抜いて来た。少しずつその生活範囲は広がり、人は遠くへ出かけるようになった。人は生きんがために襲いかかる敵を打ちまかして自らの身を守って来た。次第に人は自己防衛本能から集団生活を営むようになり、周囲の集団と戦いこれを打ち破って、勢力圏を拡大していった。大きな集団は戦闘用

具、武器を備えて遠方に遠征し、敵を倒して王国を築いていった。

　人は自由に行動して旅を楽しみ、精神的な癒しと安らぎを得ることができ、同時に「旅」は積極性によって自己の世界を追求して知的創造を得られるものでもある。

　一方、今や自ら計画性や行動力が伴わずとも旅行業者の手を借りれば、旅行を楽しむことは随分容易になった。今日大勢の人びとが旅を楽しむことが可能になったことで、旅行者ばかりでなく観光に関わる業者・施設などがともに助けあい相乗効果を上げて益々観光業界を発展させている。情報網の発展もあり、旅行者は日本中どこへも出かけられるようになり、海外各国から多くの外国人旅行者が日本を訪れるようになった。まさに観光は平和の礎である。

　しかし、このまま手を拱いて成長戦略を放置したままでは、日本の観光産業が永遠に発展し続けるという保障はない。日本の観光業界は一種の利益共同体で、残念ながらそこにはマーケティングの思想が欠けているといわれる。実際観光産業は国際的には国民総生産(GDP)の1割を占めるほどの巨大産業といわれる中で、現在日本の観光業はその5％にも満たない。それでも街に外国人の姿が数多く見られるようになった。その情景は大いに歓迎すべき現象ではあるが、今後はその地域の観光業者の視点からばかりではなく、自治体、及び住民が一体となった町作りの過程で、地域全体の長期観光戦略を構築し地域が豊かにならないと観光地としての発展性は望めない。その意味では、基幹産業としての観光業は地域観光の楽しさをアピールできる環境作りであり、地方創生の仕掛け材でもある。

　日本人の海外旅行者は人口減少、少子高齢化の影響もあり、その数と伸び率はそろそろ峠に差し掛かっていて旅行業者にとって

は今後難しい対応が迫られる。観光業界全体の成長と発展は、将来のインバウンドによる外国人旅行者の動静次第であるともいえる。

そのためには、ハード面より国民がソフト面で外国人を迎える「おもてなし」の気持ちが大切であるが、この点で日本の観光業界、否日本は果たして大丈夫だろうか。

最近交通機関内でしばしば見かける若者が「シルバーシートを占有」して高齢者に座席を譲ろうとしない風潮は、「おもいやり」を自画自賛する日本で、「おもいやり」が現実には根付いていないことを示している。

また、インバウンドのあるべき発展の姿とは乖離したモラル面で疑問の官製プロジェクトが、国によって一方的に推進され実施されようとしている点が気にかかる。

訪日外国人観光客を集め増やすとの謳い文句の下に2016年成立した「特定複合観光施設区域の整備の推進に関する法律」(通称IR法)に則り、一部特定地域に従来の法律では認められていなかった賭博・ギャンブルを条件付きで解禁しようというものである。それはギャンブル依存症の増加、治安の悪化等、数々の反社会的な懸念材料を抱え、政府の堅実な観光成長戦略とは相容れない試みである。手段を選ばず、単純にインバウンド客を増やすとの短絡的な考えではインバウンドが将来に亘って健全に育つとは到底思えない。今日まで長い時間をかけて民間が着実に築き上げ、漸く官民一体となって成長戦略を考えられてきた観光業が、その最中にかくも安易な考えと目先の利益に目がくらんでこれからの成長産業マーケットを考えられて良いものだろうか。これまで観光業が辿ってきた経緯に思いを致し、長期的かつ健全な観光業の成長・発展を見通したうえで観光業のあるべき姿を考えなければい

けないと思う。

　観光産業は、庶民が地域の人びととともに観光業に携わる多くの人びとの知恵と地道な努力を傾けて今日の成長と発展を導いてきた。

　世界史の流れとともに世界の旅の潮流は今日まで引き継がれ、「旅」は長い歳月を経て発展してきた。日本においても「旅」は縄文時代から続けられ、今日では娯楽として、またビジネスとして発展している。「旅」を核とする観光業は、今では大きな産業となり国を潤し、いずれGDPの1割を占めるようになるだろう。だれもが癒しを得られ、知的創造ができる稀有な産業を今後どうやって健全に発展させていくことができるだろうか。これは令和の時代に生きる私たちに課せられた大きな課題でもある。観光業界関係者のみならず、私たち国民一人ひとりがじっくり考えてみる必要があると思う。

　日本最古の歌集「万葉集」にその語源を見出した新元号「令和」に生きる現代人には、万葉の時代から延々歴史を辿ってきた令和の時代において、時代と環境に適った「旅」を楽しみ、新たな令和時代の「旅」を創造することは今や国民にとって大きな期待であり、課題であると思う。

参考文献

・「JNTO国際観光白書2009」(財団法人国際観光サービスセンター)

・「カラー版世界史図説3訂版」(東京書籍)

・「標準日本史年表」(吉川弘文館)

・「図説日本史通覧」(帝国書院)

・デービッド・アトキンソン著「新・観光立国論」(東洋経済新報社)

- 藻谷浩介・山田桂一郎共著「観光立国の正体」(新潮新書)
- 久保田勝一・月村辰雄共訳「マルコ・ポーロ『東方見聞録』」(岩波書店)
- 松尾芭蕉「芭蕉自筆・奥の細道」上野洋三・櫻井武次郎校注(岩波文庫)
- 紀貫之「土佐日記(全)」西山秀人編(角川ソフィア文庫)
- 阿佛尼著「十六夜日記」一瀬幸子、江口正弘、長崎健 校注(新典社)

Ⅱ　インバウンド4000万人超えへの展望と課題

1．インバウンドの現状と見通し ······················ 132
2．インバウンド4000万人超えの効果················· 135
3．インバウンド4000万人時代の課題················· 138
4．災害時の外国人旅行者への対応···················· 151
5．国際観光旅客税と宿泊税 ···························· 157
——————·—·——————
オーバーツーリズムに対する海外事例················· 161

はじめに

　東京2020オリンピック・パラリンピックを迎える年には、訪日外国人の数は、政府目標通り4000万人に達しようとしている。2003年に小泉首相が観光立国宣言を行い、ビジット・ジャパン・キャンペーンが始まったが、その年の訪日外国人数は521万人であった。それが15年後の2018年には3119万人と、およそ6倍に急増したのである。訪日観光客の日本国内での観光をはじめ様々な活動が日本経済を潤し、地域社会を活性化させたことは言うまでもない。しかし、増え方が急激であった為、受入れ体制が充分に整備されないまま混乱をきたした地域があり、観光客の集中で住民との摩擦が生じている観光地も出てきた。

　インバウンド4000万人時代を迎えるに当たって、インバウンドの現状と、今後、対策が必要な課題を問題提起することで、解決策の一助となることを願っている。

1．インバウンドの現状と見通し

　2016年3月、政府は外国人入国者数とその旅行消費額の目標を発表した。"2020年に外国人旅行者数4000万人、旅行消費額8兆円"である。同時に "2030年6000万人、消費額15兆円" の目標も発表された。発表の前年、2015年の訪日外客数が1973万7000人であったので、この目標は大変意欲的な目標だと考えられていた。その後の推移は

年	訪日外客数（前年比）	消費額（前年比）
2016年	2404万人（21.8％増）	3兆7476億円（7.8％増）
2017年	2869万人（19.3％増）	4兆4416億円（17.8％増）
2018年	3119万人（8.7％増）	4兆5189億円（1.9％増）

Ⅱ　インバウンド4000万人超えへの展望と課題

となり、訪日外客数は、やや伸び率が低下してきたが、ほぼ想定通り順調に推移している。一方、消費額の方は伸び悩んでいる。2018年の一人当たり旅行支出は15万3000円と微減しており、「モノ消費」から「コト消費」の流れを受けて、娯楽サービス費拡大への取り組みが課題である。

①2019年の状況と政府目標達成見込み

　JNTO(日本政府観光局)の発表によると、2019年5月までの累計訪日外客数の推定値は1375万人で、前年同時期比で4.2％増となっている。仮に今後も現在の伸び率で推移すると、2019年は3250万人前後となる。昨年、2018年後半は全般的に伸び率が低く、特に9月には台風による関西空港の冠水や北海道での地震の影響で対前年対比が久し振りにマイナスとなったが、今年2019年には中頃から後半には、G20大阪サミットやラグビーワールドカップなどの大型国際行事も計画されており、年平均の伸び率は1〜5月の伸び率より高くなると期待されている。

　2020年には訪日外客数の伸び率がどの程度回復するかによるが、東京オリンピック・パラリンピックが開催されるので、観光に影響を与える大きな経済の落ち込みや、戦争などが起こらない限り、訪日外客数の政府目標の達成は出来るのではないかと思われる。しかし、旅行消費額は訪日客の最大マーケットである中国の景気低迷傾向や、東アジアからの2〜3泊の旅行の増加、日本での宿泊が伴わないクルーズ船寄港の増加などで、政府目標8兆円の達成は難しいと思われる。

②国別入国者の割合

　国別では、2018年の訪日外客数の1位は中国で初めて800万人を

突破した。2位韓国、3位台湾、4位香港で、この東アジア4ヵ国・地域でおよそ全入国者数の4分の3を占めている。近年はタイ、シンガポール、マレーシア、インドネシア、フィリピン、ベトナム、インドなど東南アジア市場の伸びが目立つ。なかでもタイは2018年に初めて100万人を突破した。アメリカも初めて150万人を突破し、オーストラリアと欧州各国を加えた欧米豪市場は11〜12％位のシェアで安定している。

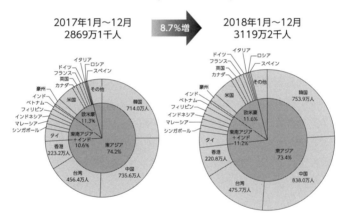

訪日外客数のシェアの比較
2017年／2018年

(出典：2019年1月16日発表　ＪＮＴＯプレスリリース)

③クルーズ船で訪日した外国人の現状

2018年の日本へクルーズ船で入国した外国人旅客数は244.6万人で前年比では3.3％減となった。日本港湾への寄港回数は2928回、前年比5.9％増で過去最高を記録した。港湾別では、1位博多

港279回(前年1位326回)、2位那覇港243回(前年3位224回)、3位長崎港220回(前年2位267回)となった。方面別では、中国発のクルーズが961回、対前年17.8%減と減少し、台湾発も234回、対前年15.5%減と減少した。一方、外国人客も乗船するわが国発着クルーズは537回、対前年10.7%増と増加し、世界一周クルーズ等も181回、前年比187.3%増と増加した。

中国発クルーズの減少は、中国のクルーズマーケットの急拡大に伴い各社が配船を急増させ、競争が過熱した結果マーケットが軟化し調整局面に入ったためと考えられる。2019年は引き続き調整局面が続くと見込まれるが、各社は販売回復の取り組みを進めており、2020年に向けて配船増加が期待される。

クルーズ船は、寄港地を中心に一度に多くの観光客が訪れ、グルメ、ショッピングなど地域での消費が生まれると共に、外国人観光客との交流が進展するなど、地方創生に大きく寄与する。

わが国においては、官民連携による国際クルーズ船受入れ拠点の形成、クルーズ船受入れ環境の整備、上質な寄港地観光プログラムの造成等、訪日クルーズ旅客数、クルーズ船寄港回数の増加に向けた取り組みを更に進める必要がある。

2．インバウンド4000万人超えの効果

①経済効果と雇用の促進

国の貿易収支が赤字の時代には、インバウンド促進は外国人旅行客が消費する外貨の獲得が主たる目的であった。4000万人を目指す現在、インバウンドは日本経済を支える「観光産業」の一翼を担い、経済を活性化させ日本の経済全体に貢献している。2018年インバウンドの推定消費額は4兆5000億円で、宿泊、飲食、鉄

道・国内航空・バス・タクシーなどの交通業、旅行業、観光施設など観光関連産業全般の売り上げ増加に貢献すると共に、化粧品や衣料品、電化製品や生活用品など小売業の売り上げ増進にも寄与している。外国人客の急増で不足しているホテル、民泊など宿泊施設の新設、改築や新規参入の飲食店などの工事で建設業にも波及効果が及んでいる。

　これら各産業の好況で雇用も促進されており、65歳以上の雇用にも貢献している。2018年の観光庁の調査によると、訪日外国人旅行消費額の費用別構成比は、買物代が34.7％と最も多く、次いで宿泊費が29.3％、飲食費が21.7％の順で多い。国籍・地域別に一人当たり旅行支出を項目別にみると、宿泊費・飲食費・交通費は欧米が多く、買物代は中国をはじめとした東アジア、東南アジアにおいて高い傾向にある。

②交流人口の増加で地域活性化

　訪日外客数が4000万人になると、何度も日本を訪れるリピーターのシェアが増加する。ちなみに2012年には528万人だったリピーター数は、2018年には1938万人と3.7倍に増えており、2020年には2400万人になると想定されている。初回の訪日で大都市や鎌倉、箱根、京都などの主な観光地を経験したリピーターは必然的に、地方の観光地へ足を延ばすことになる。

　初回の訪日は団体旅行であったが、2回目以降のリピーターは個人旅行や小グループで行動し、地元の宿泊施設に泊まり、地域の交通機関を利用する。通訳や添乗員が同行しないため、必然的に地域の人々と接触する機会が増え、交流が生まれる。地元の祭りや行事を見学したり、参加するチャンスも生まれ、地域の伝統文化や伝統行事に触れ、理解する機会も多くなる。地域の経済が

活性化すると共に、地域の住人による、地元の祭りや工芸品など
の維持、保存への取り組みも促進する機会も生ずる。特に過疎化
が進む自治体での地域振興に大きく貢献し、地域活性化に寄与す
ることになる。

③日本文化、伝統芸能を世界に広める

　日本には外国人には珍しい独特の文化や伝統芸能、伝統行事が
多数存在し、外国人観光客をひきつける磁石の役割を果たしてい
る。茶道、華道、陶芸、書道など日本人の生活に根付いた文化は
外国人には目新しい。相撲、空手、弓道、なぎなたなど日本古来
の武術や運動を学ぶために日本を訪れる外国人も少なくない。

　また、神道と神社は日本独自の宗教で、境内は“神の宿る地”
で参拝する際には手と口を清めるのが礼儀であり、歩きにくい玉
砂利をゆっくり歩むのも精神を落ち着かせるためである。寺院や
仏像など仏教文化に慣れ親しんでいる東アジアの人々にも新鮮で
日本文化を感じさせる。

　少し古いが、2014年にＪＴＢ総合研究所の調べによると、外国
人旅行者に日本で最も楽しかった活動についてアンケートを取っ
た結果、１位「日本文化の体験」(24.9％)、２位「美しい景観を
楽しむ」(15.2％)、３位「神社やお寺を訪れる」(12.9％)となった。
「日本文化の体験」と「神社やお寺を訪れる」は欧米豪の観光客
が多く、「美しい景観を楽しむ」はアジアからの観光客の占める
割合が高い。

　伝統的な文化だけでなく、「漫画」「アニメ」「癒し」「コスプレ」
「ゲーム」などのユニークな日本発の文化も外国人を惹きつける
大きな要素になっている。「高山祭」「阿波おどり」「さっぽろ雪
まつり」など各地の祭りやイベントを見るために来日する人も多

い。多くの外国人が日本でこれら日本の文化を経験し、それぞれの母国で喧伝してくれることによって、日本文化を世界に広めてくれる効果がある。

④日本での見聞で日本の理解が進む安全保障上のメリット

　訪日外国人の約4分の3を占める東アジアの人々を中心に、過去の戦争や占領中の日本国の行いで、日本に対して負のイメージを持っている人たちがいる。それらの国の方々が、日本を訪れ、ゴミの少ないきれいな町、旅行者にも親切の日本人、礼儀正しく、マナーを守る日本人、正確な時間を守る交通機関などを経験して、母国に帰国後、その経験を周囲の人々に伝えてくれることで、日本に対するマイナスイメージが減り、結果的に国と国との関係も良化し安全保障上のリスクを減らす役割を果たす。交流人口が増えることによる大きなメリットである。

3．インバウンド4000万人時代の課題

①宿泊施設不足から生じる課題

　2016年度の旅館軒数は3万9489軒、前年度より1172軒減（前年度比2.9％減）、旅館客室数は69万1962室（同1.4％減）で、ホテルの軒数は1万101軒、同134軒増（同1.4％増）、ホテル客室数は86万9810室（2.8％増）、簡易宿泊所軒数は2万9559軒、同2390軒増（同8.8％増）となった。外国人宿泊者数は延べ宿泊者数7800万人、前年比12.4％増と2桁の伸びであった。10年前の2006年と比較すると、旅館は1万4581軒減（27.0％減）、ホテルは936軒増（10.2％増）、簡易宿泊所は6982軒増（30.9％増）となった。

　観光客数におけるインバウンドの客数は日本人の国内旅行客数

に比べてまだ少ないが、観光消費額においては外国人観光客の消費額は大きく、東京、京都、大阪などの大都市では、インバウンド客を目当てにホテルなど宿泊施設の建設計画が目白押しである。高級ホテル、ビジネスホテルから民泊まで、ホテル業のみならず、不動産業など異業種や、外国資本を交えた色々な業種が参入を目指している。京町家や古民家を活用した民宿・民泊や、刑務所や、企業や自治体の保養所を改装して宿泊施設を開業するなどユニークなプランも計画されている。

　このような状況の下で、様々な問題が起こっている。外国人観光客に人気の京都市では、不動産業者がホテル建設に必要な土地を買い漁り、小さなビジネスホテルや民泊用のコンドミニアムを建設するケースが増加中である。その結果、風情ある町並みや京町家の中に、コンクリートのビルディングが建ち、美しい景観が損なわれている。地価は上昇し、周辺の家賃が上がり固定資産税も上がる。高齢化が進む地域住民の中には、家賃や税金が払えず町から出てゆく人が増える。町は空洞化し、人間関係が希薄になり、やがて地域コミュニティーが崩壊してしまう恐れがある。増加する民泊と不正民泊の問題については別項で述べる。

②国際航空便の座席数増加へ受け入れ可能な空港の拡大

　日本には現在、自衛隊や在日米軍との共用の空港を含めて101の空港があるが、「空港法」において第1種空港に指定された空港は、東京国際空港（羽田）・成田国際空港・大阪国際空港（伊丹）・関西国際空港・中部国際空港の5つで、これらを国際空港としている。大阪国際空港は伊丹空港のことで、関西国際空港が出来るまで国際線の乗り入れをしていたので指定されているが、現在、国際線は発着していないので、他の4空港が主な訪日外国人受け

入れの窓口となっている。訪日客が4000万人を超えると、今以上に地方空港の国際化を進めないと、主要4空港だけでは対応出来ない可能性がある。近・中距離の国から地方空港への定期便や国際チャーター便、ＬＣＣの参入を促進するためには、出入国管理や税関、検疫の施設を整備し、職員の配備が必要である。関係各官庁間の連携を強化してチャーター便など不定期便などの受け入れ空港への職員の配置が適切に行われる必要がある。

主要4空港では、出入国手続きの混雑を緩和するための手段として「自動化ゲート」が導入され、スムーズでスピーディーに手続きが行えるようになってきた。更なる出入国審査を合理化、円滑化するには現在、日本人のみに実施されている顔認証システムを、一部の国の外国人にも導入出来る方策も検討してみる必要がある。また、受入れ拡大の方策として、現在休止中の大阪国際空港（伊丹空港）の国際線乗り入れ再開も検討に値するのではないか。

③国内二次交通の訪日外客向け対策

訪日外客が増加するに従いリピーターの数も増えてくる。2度、3度訪れる度に、旅行先は地方に拡散していく。リピーターは個人や小グループで訪れる割合が高い。団体ツアーに参加する時には専用観光バスが目的地まで運んでくれるが、地方を個人で移動する場合には、必然的に最寄りの鉄道の駅や空港から観光地まで路線バスや電車など地方の公共交通機関を利用することになるが、外国人が路線バスなど利用する時にはいくつかのハザードが存在する。

まず、バスの停留所の停車場所の表示の多くは日本語のみで、車内のアナウンスもほとんど日本語のみである。下車したい停留所かどうか解らなくて困惑するという。停留所の表示を多言語で

表記するのは無理があるので、鉄道路線のように路線別のアルファベットと停留所の順番を数字で表した表示、例えばＴ−15、Ｎ−8などを併記すると共に、外国人用のチラシかパンフレットを作成して番号と停留所の名前が書かれ、近くの主な観光施設が表示されているものを乗車時に渡せばこのような問題が減るのではないか。

もう一つは、荷物スペースがないという問題である。外国人観光客は、通常大きなキャリーバッグやバックパックを持って移動する。路線バスには荷物スペースがないことが多く、混雑時には乗車している地域住民に迷惑をかけることもある。座席を1〜2席減らしてスペースを作るのも一つの方法かと思われる。

更に多くの路線バスは乗車時に整理券を取り、下車時に運転席横の箱に整理券と現金を入れるシステムである。多くの外国人観光客はクレジットカードでの支払いが出来ず、持ち合わせた現金が1万円札のみで、車内で両替が出来ずトラブルになるケースが多い。事前での十分なインフォメーションが必要である。

有名観光地で複数のバス会社が運行している路線では、各社が独自の一日乗車フリーパスを発行し、外国人も利用しているケースがあるが、停車場で来たバスに乗ろうとしたら、他社のパスだから乗車できず、所持するパスの発行会社のバスが来るまで待たされることがある。地域全体で提携して共通パスを発行するなどの工夫が必要である。

④クルーズ船寄港促進政策の問題点

クルーズ船の寄港促進は、インバウンド4000万人の目標達成に向けて、航空機以外の来日手段として重要な政策である。2018年の訪日外国人の内、クルーズ船を利用して来日した割合は約8％

を占める。更に寄港促進を進めるためには、いくつかの課題がある。

　現在、日本に寄港するクルーズ船の多くは、中国や台湾からの3〜5泊程度のショートクルーズで、中国や台湾からの距離の近い九州や沖縄など西日本の港湾に寄港が集中している。そのため、大型クルーズ船が寄港できる港湾に希望が集中して予約が取れない事態が発生している。また、わが国の港湾では、旅客専用岸壁を備える港湾は限られており、貨物用岸壁を活用しているケースが多いが、貨物の荷役の休止や制限する必要が生じる。貨物ターミナルにはＣＩＱ（Customs：税関、Immigration：出入国管理、Quarantine：検疫所の略）の施設が無いため、ＣＩＱの職員が、接岸後にクルーズ船に乗り込み船内で審査や検査を行う。このため、旅客の下船開始まで時間がかかり貴重な観光の時間が割かれてしまっている。

　このような状況に対して国も対策を進めており、クルーズ船会社が専用旅客ターミナルビル建設への投資意欲を促進するための法改正を行った。しかし、寄港促進の一つとして国土交通省が2017年8月に「島嶼部における大型クルーズ船の寄港地開発に関する調査結果」を発表し奄美大島・徳之島を寄港候補地としたが、この調査に対し疑問の声が上がった。国土交通省の趣旨は、クルーズ先進地域であるカリブ海のビーチでの1日滞在型観光を参考に、日本の南西諸島でも同様の施設を開発し、新たな雇用創出などで地元経済の活性化するというものであったが、地元自治体や環境保護団体などから懸念が表明され、国会でも寄港地開発による社会環境への影響に対する質問が出された。観光地としての基盤が整っていない町に3000〜5000人の観光客が一度に上陸した時の町の混乱、美しい自然の破壊、外来種の持ち込みによる生態系

への影響など様々な問題が指摘されている。

寄港地の整備・拡大の課題解決には、港湾整備などハード面だけではなく、運航面などソフト面での改革も必要である。クルーズ船会社に働きかけ、中国や台湾からのクルーズを日本海側の寄港地、境港や新潟港などにも設定してもらうとか、少し長い1週間程度の行程のクルーズを催行して神戸港などに足を延ばしてもらうなど、九州・沖縄への集中を緩和するよう働きかけることも必要である。

現在、アジアからのクルーズ船による日本の観光は、ショアエクスカーションという1日観光が中心で、夕方には観光客は船に戻ってしまう。欧米豪の客が多い一部の世界一周クルーズなどでは、オーバーランドツアーという、寄港地間、例えば神戸から横浜に船が移動する2～3日の間、船を離れて京都、箱根に宿泊して日本の観光を楽しむツアーを乗船客に提供しているクルーズ船もある。当然オーバーランドツアーの方がより日本を楽しみ、理解してもらうことができ、なおかつ旅行消費額も、ショアエクスカーションよりも多い。このような観光ツアーの提案をする機会を設けて、クルーズ船会社と日本のランドオペレーターの商談の場があると、より上質の観光を提供できるだろう。博多港で上陸し、熊本か阿蘇に宿泊し九州新幹線で鹿児島港から乗船するオーバーランドツアーなどは需要があると思われる。

もう一つの検討課題は、多数の1日観光客が上陸して、観光客が排出するゴミ処理の費用やトイレで使用する大量の水、汚水処理など、寄港地の町や都市が負担する公共サービスのコストもばかにならず、場合によっては、観光客が落とす金額よりも負担額の方が多いケースもある。ベネチア市のように、上陸する客から「訪問税」を徴収することが出来ないか検討すべきではないか。

⑤オーバーツーリズムの実態

　近年、メディアでオーバーツーリズムという言葉をよく耳にする。観光地が耐えられる以上の観光客が押し寄せる状態のことを言う。国連世界観光機関（ＵＮＷＴＯ）は、「ホストやゲスト、住民や旅行者が、その土地への訪問者を多すぎるように感じ、地域生活や観光体験の質が看過できないほど悪化している状態」と定義している。世界の代表的な観光都市、バルセロナ、ベネチア、フィレンツェ、アムステルダムなどではかなり前からオーバーツーリズム（観光公害）問題に直面し、様々な対策が講じられている。わが国でも国内外の観光客に人気の観光地、京都では過剰な観光客と住民との摩擦が生じている。

　朝日新聞"声"の欄にも、京都の住民から日々の生活を守るための悲痛な声が寄せられている。このまま観光客が増え続けると、観光振興より、自分たちの生活、住環境、仕事環境、自然環境、景観の維持をいかに守るかが、住民の最優先課題となり、バルセロナやベネチアなど先進観光都市のように、市民たちが「観光客帰れ！」とデモを行い、「観光客反対」のビラが貼られる事態になりかねない。

　京都市の観光客数は2015年に5684万人と過去最高を数え、2016年までに3年連続で5500万人を記録した。年間宿泊客数も1415万人と過去最高を記録している。外国人宿泊者数は2016年に318万人、2017年には353万人となり過去最高であった。

　京都市も混雑緩和のために様々な取り組みを始めている。混雑するバスから地下鉄の利用を促すために、2018年3月に「地下鉄・バス一日券」を1200円から900円に値下げした。市の中心部の混雑を緩和するためバスから地下鉄へ誘導しようとする試みである。観光客の分散化を進める施策としては、伏見エリアと大原エリア

Ⅱ　インバウンド4000万人超えへの展望と課題

に外国人を誘導する取り組みを始めた。京都の里山の風景や三千院が見られる大原はアクセスが悪く、バスだと京都駅から1時間ほどかかるので、地下鉄とバスを利用してもらい市内の混雑を緩和しようとの考えだ。一方、伏見は、外国人観光客一番人気の「伏見稲荷大社」があり多くの外国人観光客が訪れるが、その周辺には、ほとんど足を運ばない。地元には由緒ある酒蔵や賑やかな大手筋商店街があるので、伏見稲荷を訪れた外国人を回遊させる取り組みである。今後も、集中と混雑の対応について、時間、季節、場所の分散化を進めて行く方針である。

　急激な宿泊客数の伸びに対して、市内の客室総数はこの10年間で微増にとどまり、宿泊施設が慢性的に不足している。市中心部には大規模ホテルを建設出来る用地は限られており、大幅な客室増は見込めない。京都市産業観光局の2017年の調査では、外国人宿泊者数は353万人だが、この数字には無許可の民泊施設の宿泊者は含まれておらず、無許可民泊施設での宿泊者数は約110万人と推計している。また、アパートやマンションに宿泊したと回答した外国人観光客は14％もあり、数字に表れない宿泊も多いと推定される。

　ホテル数は微増、旅館数は減少する中、小規模で簡素な手続きで営業が可能な簡易宿所（民泊の他、民宿、ペンション、ユースホステル、カプセルホテルなどを含む）は2018年4月時点で2366軒と、際立って多く、急速に増えている。5年間に約6倍と異常な伸びである。その立地の6割は東山区、下京区、中京区に集中している。これらの地域は居住地区で、これまで宿泊施設がほとんどなかった地域である。国土交通省発表の2018年の基準地価の上昇率トップ5の、2位から4位までは東山区と下京区が占めており、いずれも25％以上の上昇率である。

145

メディアで話題になるオーバーツーリズムの問題は、観光客急増による渋滞や交通混雑や観光客のマナーの問題に偏りがちだが、余り話題に上らないが、急増する観光客によるゴミの収集費用や、重いスーツケースにより破損した道路の補修費用は住民の税金で賄われている点などは市の財政を圧迫する要因になっている。そして、より本質的な問題は、過度の観光活動によって引き起こされる、土地所有権の移動、地価高騰、家賃・税金の上昇による住民の流出などが引き起こす界隈の社会構造の変化、変質と地域社会の崩壊であろう。

⑥オーバーキャパシティーを緩和するには

　特定の観光都市、観光施設、観光資源に観光客が集中して弊害をもたらす現象、オーバーキャパシティーは世界の観光地が直面している課題である。特定の時期、例えば有名な祭りの開催時期、満開の時期の桜の名所、白川郷のライトアップなどでもオーバーキャパシティーは起こっている。このオーバーキャパシティーを緩和するにはいくつかの方法があり、各地の観光施設などで実施されている。

　まず一つは、予約制を導入することにより、総量を制限する方法である。有名な例は、ミラノのサンタ・マリア・デッレ・グラツイエ教会である。この教会の壁面に描かれているレオナルド・ダヴィンチの傑作「最後の晩餐」を鑑賞するには事前の予約が必要である。以前には予約なしで観ることが出来た時代もあったが、教会の改修と壁画の修復後は予約制を導入して入場者数を制限している。日本でも宮内庁が管理する京都の桂離宮や修学院離宮は、観光ブームが始まる前から事前申し込み制を導入しており、施設の価値が守られている。美しい苔で有名な京都の西芳寺も事前予

146

Ⅱ　インバウンド4000万人超えへの展望と課題

約制を導入している。2019年から、合掌造り知られる白川郷では、ライトアップイベントを完全予約制とした。集落周辺の交通渋滞や駐車場不足で起こる混乱を回避する目的での実施である。海外の一部の美術館や自然保護に力を入れている国立公園などでも混雑の緩和や環境保護の観点から予約制を取り入れており、その他にも事前予約制を実施する観光施設や観光資源も増え始めている。

　二つ目は、環境保護や、遺跡や景観を守るために入場者数を制限する方法である。ガラパゴス島は環境保護のため、マチュピチュやタージマハルなどは遺跡や施設の保護のため、エーゲ海の島サントリーニやアドリア海に面した町ドブロブニクでは1日の訪問者数を制限することにより混雑を回避している。しかし大きな町や観光都市では、狭い地域や場所、島と違いアクセスを閉じて観光客数を抑制するのは難しい。京都や鎌倉などでは、中心地へ

白川郷

の観光バスの乗り入れ制限や他府県ナンバーの自家用車の乗り入れ禁止や、車番号の奇数偶数で乗り入れを制限する案なども検討されているが、なかなか進まないのが現状である。観光客の市内での増加に悩むアムステルダムでは、市内の混雑を緩和するため、様々な規制を導入しているが、その一つが観光バスの市内乗り入れ禁止である。バスは幹線の外側に駐車して、観光客はそこから徒歩やタクシー、公共交通機関などで市内に入ることになる。アムステルダムの広さは東京都の10分の1ほどで人口も80万人台の市なのでこのような施策も実施可能だが、京都のような規模の都市では、市中心部をゾーニングするにしても居住地域と商業地域が近接しており、課題も多い。

　三つめは、拝観料や入場料を値上げすることによって、総量を規制する方法である。前述の西芳寺は事前予約制の実施と共に、3000円の拝観料を徴収している。この料金は他の寺院より高めの設定で、本当に美しい苔を心から愛する人だけが高い拝観料を払って入場するので混雑を避けることが出来ている。金閣寺、清水寺などの拝観料は400円、その他の寺院もほとんど500円程度で1000円を超す拝観料を取る所はまずない。この料金は世界の観光施設の入場料に比べてかなり低い金額である。混雑する京都の観光の名所は、その価値に見合った対価を支払ってもらう為、今よりも倍近い入場料を徴収しても良いのではないか。増収分を貴重な施設の保護管理や静謐な庭園の維持に使用すると共に、多少なりとも混雑の緩和に寄与出来ると思われる。また、アメリカの国立公園の入園料や、ヨーロッパの美術館や博物館のようにピークシーズンには拝観料、入場料を高く設定し、混雑の分散化を図るのも検討の価値がある。

　富士山の夏の登山者は年々増え続けており、2013年に世界遺産

に登録されてからは外国人の登山者も増えている。遠くから望むと美しい富士山も、実際に登山すると、登山道は渋滞しており、ゴミだらけで、登山道の破損も目立ち、トイレも不足している。そこで2014年から、山梨県と静岡県が「富士山保全協力金」という入山料を徴収することになった。入山料は任意で一人1000円だが、半分前後の登山者が協力せず、入山料を払わずに富士山に登っていると言う。

　「ＶＩＳＩＴ　ＪＡＰＡＮ大使」のアレックス・カー氏は著書「観光亡国論」の中で、入山料は任意でなく義務化し、入山料も1000円から大きく値上げするよう提案されている。入山料が高くなれば安易な気持ちで登山する人が減り、混雑が緩和できると共に、入山料の値上げで入山料収入額は余り減らないので、環境トイレの新設・改修、救護所の拡充、安全誘導員の配置やレンジャーの増員などを順次実行することが出来る。

⑦観光都市に脅威を与えるAirbnb型民泊の浸透

　インターネットやスマートフォンの普及が進むにつれシェアリング・エコノミーという新しい概念が急速に広まった。乗り物、住居、家具、服など個人所有の資産等を他人に貸し出しをする、あるいは貸出を仲介するサービスである。シェアリング・エコノミーの代表は自家用車を利用した配車サービス「Uber」と、個人所有の住居の空き部屋等を他人に貸し出すインターネット上のサービス「Airbnb」(エアービーアンドビー)である。

　「Airbnb」はシェアリング・エコノミーの草分けといわれ、2008年に開始されたが、急速に普及し、2016年現在、世界191ヵ国3万4000以上の都市で利用できる。この新しい仕組みは、その土地の家主が自分の家を旅人に開放することで、従来の観光旅行

と違い、「暮らすように旅する」という新しい旅行のスタイルを提供し、旅行者は、旅先での楽しさや面白さ、利便性をより低いコストで体験できるようになった。この仕組みは、急速に浸透し有名観光地により多く集中するようになった。結果、一部の家主は、当初の理念と無関係に、この仕組を使って儲けようとする人が出て、相場より高い価格で物件を買い漁り、地域の町並みに相応しくない、コンクリートのビルディングを建てて収益を求める人が続出している。周辺の地価・家賃が高騰し、もとからいた住民が住めなくなり、地域から流出する結果になっている。民泊の客の一部は、道端で飲食し、ゴミの始末をしない。隣の敷地に入り込む。早朝や深夜に騒いで騒音を出す。家主の不在の民泊も多く、苦情を言う手段もない。地域の安全を脅かす事態になっている。

いち早くこの弊害に直面したバルセロナでは市内の一等地にAirbnb用に億ションを建てる例が相次いだ。家主は高い金で土地を買っても、高く貸すことにより、すぐに投資が回収出来る。その周辺の地価は上昇し、ついには地元の花屋、パン屋、カフェ、レストランなどが家賃を払えず町を離れ、コミュニティーが空洞化してゆく。

このような民泊が引き起こす問題は、バルセロナだけでなく、フィレンツエ、アムステルダム、ベルリン、サンフランシスコ、サンタモニカ、ニューヨークなど世界中の都市の共通の課題で、それぞれの都市で、試行錯誤が行われている。民泊に対して厳しい「規制」「税金」「罰金」を課すことで、悪影響を減らそうとしている。新築民泊新設の制限、営業日の上限設定、新設許可の地域を限定、許可制にした上で税金を徴収、違反には高額な罰金を課す、など様々な方策がとられている。

Ⅱ　インバウンド4000万人超えへの展望と課題

　日本では、民泊問題が騒がしくなってきた2018年6月に「住宅宿泊事業法」、通称「民泊新法」が施行された。それまで野放し状態だった民泊の経営が届け出制になり、許認可の要件が明確化され、行政が民泊の数や位置を把握することが出来るようになった。この民泊新法では、民泊として営業する日数は、180日という上限が定められた。同法の施行から2ヵ月半たった2018年8月15日に時点で、民泊の届出件数は7500件を超えるなど徐々に届出物件が増える一方で、一部の民泊仲介サイトに未登録の物件が掲載される等の問題が起きている。観光庁では2019年の予算概算要求で、健全な民泊サービスの普及に向けて違法性が疑われる民泊物件の特定を容易にする新システムを導入することになった。住宅宿泊仲介業者の登録を行わない海外無登録業者が日本でオーナーと旅行者をマッチングする民泊仲介サイトにも対処できるようにする。今後は、各自治体でまちまちな違反した場合の罰則、罰金額などの標準的な基準の作成なども必要であろう。

4．災害時の外国人旅行者への対応

①リピーターの増加に伴う外国人旅行者の所在確認の課題

　訪日外国人客が4000万人を超えると、必然的にリピーターが増えてくる。団体ツアーで訪日した場合には、通常は在日のランドオペレーターが日本の地上手配を請け負う。災害時にはその団体の行程を把握しているランドオペレーターに連絡をし、災害発生地域に滞在中の団体の数、個々のツアーの人員や名前、宿泊箇所や移動手段などを掌握することが出来る。一方、リピーターは個人で、ネットを使用して宿泊箇所や予約の必要な観光施設、レストランなどの手配するケースが多いので、一旦、災害が発生する

151

とその地域に、どのような外国人が、何人位滞在しているか総合的に把握する手段が現在はない。多数あるインターネットの宿泊サイトや、ホテルや旅館のホームページ経由で予約した人は、一定程度把握できるだろうが、民宿やホームステイ、ましてや無登録の民泊を利用する観光客は調査のしようがないだろう。リピーターは来日回数が多くなるほど、日本の地方、奥地を旅行する人が増え、地震、大雨、洪水、山崩れなどの災害に合うことも多くなるだろう。国や地方自治体、民間観光業者などが一体となって対策を練る必要がある。

②災害時や事故の場合の交通機関の対応

　2018年9月、台風21号が関西地区を直撃し、関西国際空港が広範囲で冠水した上、強風で流されたタンカーが連絡橋に衝突し、道路と鉄道が不通となり、外国人を含む約7800人が丸1日以上孤立した。その2日後には北海道胆振東部地震が発生し、北海道新千歳空港での建物の損壊と施設からの水漏れで空港が閉鎖された。

　両災害とも行楽シーズンの最中に発生し、多くの外国人観光客が滞在しており、混乱を巻き起こした。刻々変化する状況を日本語では情報が流されても、外国人にはアナウンスでも張り紙でも簡単にしか知らされず、状況の変化に対応出来ていなかったので、窓口に外国人が殺到する事態となった。孤立した関西国際空港でも、新千歳空港への電車が不通になった札幌でも、外国人客の夜を過ごす避難場所の情報が少なく、観光難民を輩出した。今後は多言語での迅速で的確な情報伝達や、避難場所の設置、観光客への支援体制の構築など、外国人向けの事故対策が必要である。事故で停電が発生し予約コンピューターが作動しない事態、水道が破損して水が確保できない、事故が長引いて食料が確保出来ない

Ⅱ　インバウンド4000万人超えへの展望と課題

など不測の事態への準備も欠かせない。

　予約するのに名前が必要ない鉄道や路線バスで事故が発生した場合、特に死亡事故の場合は、パスポートを宿泊先に預けたままだと身元を特定するのが困難で時間が掛かることもありうる。近頃、外国人観光客がレンタカーを利用するケースが増え、彼らが起こす交通事故が増加している。道路の右側通行、左側通行の違い以外に、交通標識のマークの違い、左折、右折の際の優先順位の違いなどが原因だという。事前のインフォメーションを多言語で案内することが重要である。

③災害時の外国人観光客の救急医療体制

　観光庁の調査によると、訪日外国人旅行者のうち病気やケガに見舞われる割合は約5％とされている。2018年の訪日外国人旅行者の人数はおよそ3119万人であったので、年間で150万人以上の外国人が医療を必要としている計算になる。この数字を単純に365日で割ると、一日当たり4300人弱となる。これだけの外国人に対応するには、多言語による医療案内や医療通訳の手配が必要で、異文化、宗教に配慮した医療機関だけでは、到底出来ない。リピーターが増加した現在の外国人旅行者は、医療過疎地にも多くの人が足を伸ばしており、それらの観光地には外国人の病気やケガに対応出来る医療機関は少ないのである。

　一方、行政の外国人医療支援体制は、日本的な縦割り行政の弊害が目立たつ。中国その他、外国の富裕層を日本への旅行がてらに、高度な健康診断や治療を受ける、「メディカル・ツーリズム」のビジネスが盛んに議論されたころ、経済産業省が一般社団法人MEJ（Medical Excellence JAPAN）を設立し、日本の高度な医療を受けることを目的に、外国人患者を積極的に受け入れるために

153

必要な体制を整備して、海外に発信している。

　また、厚生労働省でも外国人旅行者と駐留外国人の増加に対応するため、「外国人患者受入れ医療機関認証制度」(JMIP)を設立した。外国人患者が安心、安全に日本の医療機関を受診できるよう、医療通訳などの配置支援や受付対応を通じて、外国人患者受入れ体制の整備された医療機関を増やしていくという目的である。観光庁は訪日外国人観光客を対象に、滞在中の病気やケガの際、安心して受診してもらえる体制を整備した医療機関をリスト化し、それを日本政府観光局(JNTO)が発信するというものである。

　現状では、どのプロジェクトもまだまだ不十分で、厚生省のJMIPは、多言語による診療案内や、異文化・宗教に配慮した対応などが審査されるため、認証を与えられた医療機関は少なく、東京都でも2018年現在、認証を得られたのはわずか8施設で、1施設もない県も多数残されている。観光庁のプロジェクトも、参加医療機関が少なく、認知度も低いので、リストの存在は、一般国民はおろか、ホテル、旅館の経営者さえ知らないのが実情である。実際に外国人を診るとなると、言葉の壁、宗教・食事を含む習慣の違い、料金設定、不払い問題など様々な課題を克服する必要があり、簡単なことではない。

　特に大きな課題はお金の問題である。訪日外国人の医療費は基本的に自費負担である。しかし救急医療など緊急性の高い医療においては料金の説明は事後になりがちで、後になってトラブルが生じるケースが出てくる。未収金への対応において、責任の所在も極めて曖昧で、通報した人や宿泊箇所も料金の説明は患者にしていないことが多く、医療機関の現場負担が大きくなっている。日本人の場合、海外旅行の際には大部分の人は保険に加入するが、諸外国では事情が違う。特に中国人は保険の概念が希薄でトラブ

ルになるケースが多いという。

このような訪日外国人に対する医療の提供に関連する多様な問題に対処するため、政府は2018年3月に、関係府省庁が連携して取り組む「訪日外国人に対する適切な医療等の確保に関するワーキンググループ」を設置した。観光庁が平成30年度に実施した外国人観光客の医療等の実態調査によると、旅行中にケガ・病気になった人は全体の5％で、その60％が風邪や発熱であった。旅行保険の加入率は73％で、保険に加入していない割合は、東アジアがやや高く29％であるが、意外なのは欧米豪が26％と、東アジアに次いで高い。クレジットカードに付帯しているから旅行保険への加入は不要だとの考えだ。観光庁では、訪日外国人の医療受診に対して様々な取り組みを始めている。医師会監修のもと、外国人旅行者が日本滞在中に、不慮のケガ・病気になった際に役立つ医療機関の利用ガイドを英語・中国語(簡体語・繁体語)・韓国語・タイ語で作成している。訪日外国人旅行者向け海外旅行保険加入促進PRも進めており、海外旅行保険加入を促すチラシを5ヵ国語で作成し、海外、国内で配布している。観光庁は2015年度より、都道府県に「訪日外国人旅行者受入れ可能な医療機関」の選定を依頼し、報告のあった医療機関をリスト化しているが、2019年度より、厚生労働省と連携して医療機関リストを整備する予定である。

このような状況の中、民間でも、効率的で汎用性が高く、迅速に広く対応できる訪日外国人の医療支援機関が必要と考えたNTT東日本関東病院の元院長で、現在同病院の名誉院長である落合慈之氏が中心となって2016年に一般社団法人「訪日外国人医療支援機構」(JaMSSVA)が設立され、様々な地道な活動を行っている。スマホ用の無料アプリ"Japan Hospital Guide"を立ち

上げ、アクセスさえすれば、GPS機能により、日本中どこでも、最寄りの協力医療機関を探せる仕組みの開発、「訪日外国人の医療支援情報セミナー」を開催して医療機関などへの啓蒙活動、そして将来的には、効率的かつ迅速に、全国で訪日外国人の医療支援体制を構築する目的でコールセンターの設立を目指している。

　訪日外国人旅行者が4000万人から6000万人になる時代が到来すると、全国どの医療機関にも外国人が訪れる可能性がある。各医療機関にいかにこの課題を啓蒙し、受入れ支援体制を構築するかが問われている。

④災害で外国人観光客に死者が出た場合

　近年、多発している災害、熊本地区の地震、関西地区での台風と関空の冠水、北海道胆振東部地震などでは、外国人観光客に影響を与え、混乱を招いたが、幸いなことに外国人観光客が死亡に至ることは無かった。しかし、今後ますます訪日外国人が増え、全国隅々まで訪れることになると、思わぬ災害に巻き込まれて、命を落とす可能性はなしとはしない。かなりの確率で発生すると想定されている「南海トラフ巨大地震」のシミュレーションによると、東海地区から近畿、四国、九州にかけて最大何十万人単位の人が死亡すると警告している。万一、訪日外国人観光客がこのような事態に遭遇した場合には、どのように対処するのか、今から最低限の対処方を検討しておく必要があるのではないか。一旦、大災害が発生すると、地域の人々の救助、誘導、公共施設の復旧などで現場は大混乱しており、外国人被害者への対応が後手後手に回ることになる。

　日本国内で外国籍の人が死亡した場合、その国の法律との絡みや領事館との連絡での言葉の壁など困難な問題が発生する。埋葬

地を母国と日本のどちらにするのか決め、遺体の処理方法を考え、領事館への書類の提出も必要になる。埋葬方法も土葬か火葬かを遺族に確認する必要がある。世界的には土葬が中心で、イスラム教のように火葬を禁じている宗教もある。キリスト教国も死者の復活を信じているので土葬が中心だが、イギリスのように近年火葬も広がっている国もあるので領事館を通じて確認が欠かせない。

　海外に遺体を移送する場合、エンバーミングという遺体の防腐処置が必要になる。エンバーミングや遺体の空輸代金が高額になる為、事前に費用の概算と支払い方法を説明すると共に、輸送のための書類作成も行わなくてはならない。このような事態に対応するためには、各地方自治体は、普段から各国領事館・大使館と綿密な連絡を取っていることが大切で、万一の事態が発生した時、混乱を避けることが出来る。

５．国際観光旅客税と宿泊税

　「観光に関係する税金がどのような分野に使われているのか」は余り知られていない。世界の都市や観光地で宿泊税を徴収しているところは多いが、その財源が必ずしも観光分野に使われず、一般財源に組み込まれているケースも見受けられる。イタリア・ベネチア市は押し寄せるクルーズ船の客が、宿泊税を払わずに上陸してトイレで使った水道代や下水処理、散らかしたゴミの処理などの膨大な経費の市負担をカバーするために、2019年7月から上陸するすべての人に新たに「訪問税」を課すことを決定した。日本でも外国人観光客の増加をふまえ、新たな観光財源の確保が必要となり、新たに「国際観光旅客税」が2019年1月7日から導入された。また、海外からの観光客が増えた自治体を中心に、ホテ

ルや旅館などの宿泊料に上乗せされる宿泊税の導入が広がっている。

　今後、増加するクルーズ客を迎える寄港地の自治体で「訪問税」を、国土交通省が推進している島嶼部、奄美大島や徳之島では、多くのクルーズ船が寄港することになると「入島税」など、新しい財源を求める動きも出てくる可能性もあるだろう。

①国際観光旅客税

　訪日観光客の増加が顕著になった2016年頃から、政府で次世代の観光立国実現のための財源の検討が始まった。2017年には国土交通省は「次世代の観光立国実現に向けた観光財源のあり方検討会」を立ち上げ、7回にわたって検討会を開催した後、中間とりまとめが公表された。

　税方式で出国旅客に負担を求める、負担額は一人1回の出国につき1000円程度にする、可能な限り速やかに導入する、などが主な内容であった。その後、自民党観光立国調査会や税制調査会での検討を経て、国会で審議され、2018年4月に「国際観光旅客税法」が成立した。その後、この税の使途に関して一部変更されたが、顔認証ゲートを用いた出入国手続きの高度化、無料Wi-Fiや多言語案内といった受入態勢整備、文化財や国立公園等を活用した観光コンテンツの拡充等に500億円が充てられることになった。また、この税収を確実に観光施策に充当するため、観光庁へ所管事務の追加を行い、JNTOが同税を財源として行う事業について特別の勘定を設け、使途の透明性を確保することとなった。

　新税の税額は出国1回につき1000円で、徴収方法は、航空の分野では航空会社や旅行会社が航空券発売時に徴収し、海運の分野では統一的な既存のシステムがないので、外航海運の実態に応じ

158

て対応する。国への納付は所管の税務署長に、出国月の翌々月末までに納付する。

「国際観光旅客税法」は2019年1月から徴収が始まったばかりで、徴収した税が何に、どのように使われたかは、明らかになっていないが、同法の付帯決議には、税収の使途については透明性や公平性を確保し、厳格に運用するよう、監視する体制を構築すると謳われており、①スムーズな出入国体制の整備、②日本の魅力に関する情報の効果的な発信、③地域固有の文化、自然等を活用した観光資源の整備などに、正しく使用されることを求めている。

　法律の条文を読んでも不明な点もある。クルーズ船が1航海で複数の寄港地に立ち寄る場合、寄港地ごとに1000円を徴収するのか、最終寄港地で1回の徴収で済むのか不明である。寄港地ごとに複数回徴収されるのならば、その分クルーズの旅費が高くなり、クルーズ船誘致活動の阻害要因にはならないのだろうか。

②宿泊税

　宿泊税は、ホテルや旅館に宿泊する人に課税される、地方税法で認められた法定外目的税で、地方自治体が税目や税率を定める法である。総務大臣の同意を得て、自治体の条例で設けることができる。法定外目的税は地方税の一つであり、地方税法に定めのある以外の税目の地方税で、目的税であるものを言う。宿泊税以外にも、各地で採用されている環境税（乗鞍環境保全税・北九州市の環境未来税・沖縄座間味村などの観光協力税など）や富士河口湖町の遊漁税などがある。

　訪日外国人観光客の増加で、自治体は観光客のゴミの放置、騒音や道路の渋滞などの対策経費の負担増に悩んでおり、Wi-Fiや多言語の案内などの整備にも財源が必要である。このような経費

の一部を、宿泊税という形で旅行者に負担してもらおうと考える自治体が全国に広がっている。宿泊税は2002年に東京都が実施し、2017年には大阪府、2018年に京都市、2019年4月からは金沢市が導入した。スキーと温泉で人気の観光リゾート地、ニセコ地区を抱え外国人観光客が急増している北海道倶知安町も2019年11月から、宿泊料の2%の徴収を始める。

　既に導入している自治体の徴収金額は、自治体によって、宿泊料に応じて1泊100円から1000円である。他にも、福岡県、沖縄県、広島県、宮城県、奈良市、松江市などでも議論が始まり、導入が検討されている。自治体はどこも財政事情が厳しく、新たな財源を求めている。中には、取りやすい財源だからと安易に課税を検討している自治体もあるという。導入を検討している自治体には、是非、実施する前に使い方を観光振興に限定し、その政策効果を検証出来る制度を定めてもらいたい。

　宿泊税導入を検討する自治体が増えるにつれ、県と、市や町村などの二重課税の問題が浮上している。福岡では県と市が宿泊税導入を巡って対立していたが、2019年5月に合意し、2020年度からの導入を目指すことになった。福岡市に宿泊した一人1泊の税額を県税50円・市税150円（宿泊費2万円以上は県税50円・市税450円）とする。沖縄県でも恩納村の審議会が、宿泊料の2%を徴収する観光目的税の創設を答申した。二重課税での最大の問題点は、宿泊者の負担が増えることのほか、徴収した税金の使途による政策が、都道府県と市町村で重複することである。お互いの観光政策の役割をキッチリ調整する必要がある。

Ⅱ　インバウンド4000万人超えへの展望と課題

おわりに

　少子化による人口減、地方の過疎化、製造業の伸び悩みなどが進行している現在の日本では、大きな産業構造の変化に直面している。基幹産業が従来の重厚長大型から観光も含むサービス産業に転換しつつある。政府が、成長戦略の一つとして「観光立国」を掲げたのはきわめて合理的な考え方である。幸い日本は観光立国に必要な四つの条件、即ち「気候」「自然」「文化」「食事」が揃っており、2003年の観光立国宣言以来、的確な政策がとられ、外国人旅行者の数は順調に伸びている。しかし、近年想定以上の訪日外国人旅行者の急増により、観光公害という現象が起き始めている。

　①有名観光地への集中を回避して地方へ誘導する方策を推進する。

　②アジアの近隣国だけでなく、日本滞在の長い欧米豪への更なる誘致PRを行う。

　③出入国や宿泊施設を、増加する訪日外客に合わせて整備する。

　バルセロナのような観光先進都市で発生した「反観光」の動きが出る前に、これらの問題解決を迅速に進める必要がある。

　「インバウンド」には日本経済を救うパワーがあるはずだから。

オーバーツーリズムに対する海外事例

　この10年あまり、ヨーロッパの都市では観光の過熱が引き起こす社会的不満が顕在化して、しばしば市民による反観光運動が起こり、大規模なデモも発生している。バルセロナで発生したケースをきっかけに、この種の反観光の動きをスペインのメディアが

161

「ツーリズモフォビア」（観光恐怖症）と名付け、認知され始めている。この章では、オーバーツーリズム、オーバーキャパシティに苦悩しているヨーロッパの観光先進都市でどのような問題が起こり、どのような対策を取られているかの事例をいくつか紹介する。

①アムステルダム

　世界各国が観光客誘致にしのぎを削っていた2004年、アムステルダム市は、市と観光業界が連携して「I amsterdam」というキャッチフレーズでキャンペーンを始めた。2010年には運河地区が世界遺産に登録され、空港の拡張も追い風になった。中国など新興大国の中間層が増えたことも手伝い、2008年に452万人だった観光客は2017年には826万人に増加した。アムステルダムの人口は85万人前後なので実に人口の約10倍の観光客数である。外国人観光客が増えるに従い、はめを外す外国人が目立ち、住民への影響を無視できなくなった。酒に酔って朝方まで外で叫ぶ外国人、路上に捨てられるゴミ、民家への破壊行為、大麻を吸う観光客。春から夏にかけての観光シーズンには一層ひどくなり、住民は不眠に悩まされている。中心部に住んでいた住民が、観光客の増加と騒音に耐え切れず郊外に引越しし始めた。

　アムステルダムの広さは東京都の10分の1ほどで、ゴッホ美術館、アムステルダム国立美術館、アンネ・フランクの家、「飾り窓」の名で知られる合法の売春街地区などはすべて市の中心部に位置し、観光客でごった返す事態となっている。これ以上観光客の増加が進むとコミュニティーの存続を揺るがすことに発展するところまで進展しており、市は問題の緩和に取り組み始めた。一部の観光客のマナーの悪さと市民生活への影響を問題視し、2014年から観光客を抑制する方向に大転換したのである。

II　インバウンド4000万人超えへの展望と課題

　主な抑制策は次のようなものである。
・海外での観光客誘致活動の中止
・中心部でのホテルの新規建設の禁止
・Airbnbの市内での営業は、年間60日の上限を設け、利用ゲストから観光税を徴収する。観光税は定額制にすることを検討中
・市内への観光バスの乗り入れ禁止。バスは幹線の外側に駐車し、観光客はそこから徒歩、公共交通機関、タクシーでなどで市内に入る
・中心部では貸し自転車店やツアーのチケット店など観光客向けの店を新たに開くことは原則禁止
・ビール・バイク（移動式バー）の禁止
・大型クルーズ船のターミナルを、アムステルダム中央駅近くから、北海運河の沿岸に移動
・観光客を分散させる試みで、近郊の観光地を紹介し、中心部に集中しがちな外国人に対して訪問を促す
・アムステルダムから30キロ圏内にあるサントフォールト・ビーチをアムステルダム・ビーチに改称し、市内の交通カードが使用出来るよう組み込み、市域内と位置づけた
・特典を付与したアプリを観光客に配り、彼らの動向をデータ化して、いつ、どこが混むかを分析。中心部の観光名所に人が密集しないよう、周辺の人気スポットや飲食店を紹介、推薦する試みを開始した
　このような抑制策を実施しているが、ひとたび増えたものを抑えるのはなかなか難しく、順調に進んでいるものもあるが、抑制策には反対意見もあり、裁判に至る事態も発生している。収益を優先し、観光客増加を問題視しない観光業者もいる。観光の経済効果を得ながら住民の生活を守る必要があるが、まだ最適な答え

は見つかっていないようだ。

②バルセロナ

　スペイン第二の都市バルセロナは人口160万人を擁し、建築家ガウディが設計したサクラダファミリア教会やグエル公園、古くからの市民の台所であるボケリア市場など観光名所が多数存在する観光都市である。バルセロナは1992年のバルセロナ五輪開催を機会に観光都市としての開発を進めてきた。経済発展の重点として「観光」を打ち出し、旧市街や観光名所の整備による「まちおこし」を本格化させた。商業街・住宅街の再整備、文化資産の再評価、国際会議の誘致など実行して話題を呼び、都市再生と観光誘致の理想的なモデルとして世界に評価された。この時バルセロナは、地域の観光振興の概念として、世界に先駆けてＤＭＯ(Destination Management/Marketing Organization)という組織体を作った。地域の観光資源に精通し、地元と連携しながら観光地域作りを行う法人である。

　オリンピック開始前の1990年の宿泊客数は173万人、2000年に314万人だったのに対し、2010年には713万人と10年間に4倍強に増加している。その後伸び率は微増に転じているが、2016年には906万人まで増えている。2008年頃から増えすぎた観光客によるオーバーツーリズムが問題になり、観光と地域の関係に疑問が呈せられた。ＬＣＣ(格安航空会社)や大型クルーズ船が浸透し、もともと人口密度の高い旧市街に年間3200万人もの観光客が押し寄せる。観光客が出すゴミの収集、交通渋滞、地域の安全管理などの公共サービスに負担をかけている。ホテル数の増加や民泊の増殖で不動産価格が上昇し、賃貸市場の家賃も高騰して家賃が払えず市から流出する人も出ている。

Ⅱ　インバウンド4000万人超えへの展望と課題

　こうした流れの中で、バルセロナ市民の観光客に対する感情も年々悪化している。地元の新聞には"もう観光はたくさんだ"という論調の記事が賑わい「ツーリズモフォビア」（観光恐怖症）という造語も登場した。ついに、市民たちが「観光客は帰れ」というデモを行い、町には「観光が街を殺す」という反観光のビラが貼られるようになった。

　市も観光客の削減に乗り出した。2016年には10月から1年間、歴史地区での新たな商業施設等の開設を禁止した。バルセロナ大聖堂とその周辺地区では、バルやカフェテリア、自転車のレンタルショップ、24時間スーパーの開設が禁止された。2017年1月末以降は新たなホテルの建設を禁止する「観光宿泊施設抑制プラン」という法律が可決された。市内を大きく4つのゾーンに区切り、ゾーン1は主に旧市街、古くからの生活が根付く歴史的市街地であり多くの観光施設が立地するエリアで、一切の宿泊系用途を禁ずる。ゾーン2はゾーン1の少し外側のエリアで、原則的に増設を禁じる。ゾーン3は相対的にホテル数の少ない郊外部、ゾーン4は再開発と連動するエリアで、今後の宿泊施設は、ゾーン3と4のみに認めるという方針である。

　こうした規制には賛否両論があり、ホテル業界は大反対だ。既に38のホテル建設プロジェクトが中止となり、これにより30億ユーロ（3750億円）の投資と数千人の雇用が水の泡となった。高級ホテル「フォーシーズン」などの大手資本も撤退を決めた。

　それにもかかわらず実施するホテル建設禁止政策は、宿泊施設の立地コントロールを通して、バランスの取れた用途の混在を図り、市民の住む権利を保障し、界隈の公共空間での生活を維持すると共に、そこへの観光の影響を最小限に留め、持続可能な経済活動の展開を図るところに狙いがある。

165

③ベネチア

「水の都」ベネチアは、世界的に有名な観光地で、映画「旅情」や「ベニスに死す」などの舞台になり、観光客で賑わっている。観光は市にとって伝統的に重要な産業である。アムステルダムやバルセロナのように、特別な観光振興策を実行する必要がないほど、恵まれた観光地なのだ。アドリア海のラグーンに浮かぶ100を超える小さな島々からなっており、道路はなく車も走っていない。張り巡らされた大小の運河を船やゴンドラで移動する。この立地がベネチアの魅力であるが、この立地ゆえに今苦境に立たされている。

元々、クルーズ船が寄港する人気ルートであったが、最近は大型化したクルーズ船が頻繁に寄港するようになり、観光過剰状態となっている。1997年には約30万人だったクルーズ観光客は、2015年には5倍以上の約158万人にまで増加している。碇泊すると5000人近い観光客が一度に降りるため、市内でトイレが不足し、下水道のシステムがパンク状態になる。下水道のインフラ整備やトイレの増設は市の負担となり、財政を圧迫する事態になっている。市の計算によると、水、光熱インフラなど、市がクルーズ船に与える公共サービスのコストの方が、寄港から得られる金を上回っているという。この状況でベネチア市は2019年7月から市に上陸するすべての人に「訪問税」を課すことを決定した。クルーズ客は宿泊しないため「宿泊税」支払わず、公共インフラだけを利用するので応分の負担をクルーズ客にも求めることにしたのだ。

ベネチアでオーバーツーリズム状況が問題になり出したのは1990年代に入ってからである。旧市街における行き過ぎた観光地化が住民の流出と界隈の社会構造の消失を招き始めたのだ。戦前期には最大18万人を数えた旧市街の人口は、1990年には8万人を

割り込み、その後も減少の一途をたどり、現在は約5.5万人にまで落ち込んでいる。2003年に約621万人だった宿泊客数は2015年には約1018万人まで増加しているが、この数には日帰り客やクルーズ船の客は含まれておらず、市の推定では、2015年には約3418万人の日帰り客がベネチア都市圏を訪れている。

　観光客の急増はベネチアでも不動産価格の高騰を招いており、本来家族用のフラットとして利用されるべき不動産が、観光事業者に買い占められて簡易宿泊施設などに改装され、住宅価格が上昇すると共に、地域住民のための賃貸物件が不足し、住民の流出に繋がっているのだ。

　このような状況を打開するために
・クルーズ船観光に反対する組織
・観光系店舗の増殖による生活用品の不足などを問題視してキャンペーンやデモを行う組織
・本土に移住した住民に再び戻ってもらえるような環境整備を求める組織
・悪化する観光客のマナーの是正し、旧市街に相応しい観光スタイルを追求することを目指す住民団体
など様々な住民組織が立ち上がっている。

　市では2009年に「観光戦略調整政策」を作成し、観光の発展を都市の再生とリンクさせようとする政策を試みている。住宅問題、福祉問題を伝統建築の保存、公共空間の再整備、居住・教育・福祉用途の確保などを図って解決しようとする意図である。観光客の動線を分離する柵の設置、宿泊施設の規制、旧市街への観光客数の上限設定等の新たな指針が市長から発表されている。

　行き過ぎた観光地化が地域にもたらす弊害は、観光地の市民生

活の質を変質させ、やがては既存コミュニティーの崩壊を招きかねない状況に達しつつあり、一刻も早く解決策を模索すべき社会問題である。国連世界観光機関（UNWTO）も2018年10月に欧州都市におけるオーバーツーリズムの現状と当座の解決方策についてまとめた報告書を出版した。報告された都市は、この項で述べたアムステルダム、バルセロナの他に、ベルリン、コペンハーゲン、リスボン、ミュンヘン、ザルツブルク、タリンである。

参考文献

　・観光亡国論；アレックス・カー、清野由美（中公新書ラクレ）

　・オーバーツーリズムに苦悩する国際観光都市：阿部大輔　財団法人日本
　　交通公社「観光文化」2019年1月号

　・バルセロナが観光客削減に踏み切る事情：白石和幸　東洋経済オンライン

　・新・観光立国論：デービッド・アトキンソン　東洋経済新報社

　・国際観光旅客税と観光政策：盛山正仁　創英社/三省堂書店

Ⅲ 平成から積み残した観光日本の課題
-また先延ばししますか？-

1．ゴミ屋敷問題…………………………………… 171
2．騒音公害問題…………………………………… 172
3．花粉症の震源地・荒廃した奥多摩人工林の放置問題 …173
4．景観保存・修復………………………………… 175
5．遅々として進まない無電柱化 …………………… 177
6．シェアリング・エコノミーの世界的な台頭への対応 ……178
7．海外における観光日本のブランド力アップ…… 179

はじめに

　令和の時代が祝賀ムードで始まった。振り返って見れば平成時代は昭和天皇の崩御に伴う自粛ムードで始まり、その後のバブル経済の崩壊に続くデフレと停滞の30年間であった。

　そのような中、インバウンド・ツーリズム（訪日外国人旅行）は近年、絶好調である。平成20年（2008年）には835万人であった訪日外国人旅行者数は、平成30年（2018年）には3119万人へと急成長を遂げた。

　令和元年の2019年には、9月20日から44日間全国12都市で「ラグビーワールドカップ2019」が開催される。そして2020年の「東京2020オリンピック・パラリンピック」というビッグイベントへ続く。

　2020年には観光立国の目標の訪日外国人旅行者4000万人達成も充分射程距離に入ったかに見える勢いである。[1]

　しかし、訪日外国人旅行者の急増は、京都をはじめとする人気観光地への無制限な観光客の流入をまねき、公共交通機関や景観、住環境などに受け入れ能力を超える負荷を与え、地元住民とのトラブルが頻発するいわゆる「観光公害」をもたらすようになった。[2]

　観光公害への迅速な対処は緊喫の課題であるが、同時に2030年にインバウンド6000万人時代を可能にする、観光日本の長期的な

---

1) 日本政府観光局によると、過去の五輪開催地では、2004年のアテネ、2008年の北京とも開催都市決定以降、インバウンド旅行者数は右肩上がりで増加したものの、五輪の年は逆に前年を下回り、2012年のロンドンでも通年では同0.9%増と微増にとどまったという。そして、2019年第一四半期の訪日客の伸びはが前年同期比で5.7%に留まったため4,000万人達成は容易でないとの認識を示している。
2) PRESIDENT Online「京都人は観光公害を我慢するしかないのか」
　https://president.jp/articles/-/27975

Ⅲ　平成から積み残した観光日本の課題

発展のためには、日本が昭和・平成時代から積み残し、先延ばししてきた観光分野の重大な課題に真正面から取り組まなければならない。これらの「昭和病」「平成病」を克服さえすれば、日本はデービッド・アトキンソン[3]の言う観光大国の仲間入りも、アレックス・カーの言う世界に通用するA級観光地にも十分なりうる可能性を持っている。宝のもちぐされにならないようしたいものである。

1．ゴミ屋敷問題

　一部の国の外国人観光客のマナー、特にゴミのポイ捨てがしばしば住民の顰蹙を買っている。ゴミはゴミを呼ぶので景観にマッチしたゴミ箱の設置などの対処が急務である。

　都会では、ゴミ屋敷が周辺の住民の健康や安全を脅かしている様子をしばしばテレビが放映していても、われわれは手をこまねいている。今はインスタ映えの時代である。ゴミ屋敷の写真が世界に拡散されると観光日本のイメージは大打撃を受ける。

　憲法にも民法にも財産権や私権は公共の福祉の制約を受けることが明記されている。民法は第一編総則第一章(基本原則)第一条①私権は、公共の福祉に適合しなければならない。②権利の行使及び義務の履行は、信義に従い誠実に行わなければならない。③権利の濫用は、これを許さない。これだけはっきりと明記されているのに何故ゴミ屋敷を放置するのか。これは平成時代の積み残しというより昭和時代からの負の遺産であるが、これを放置していては日本も法治国家ではなく人治国家と言われても弁解できない。

---

3)デービッド・アトキンソン「新・観光立国論」東洋経済新報社、2015年

日本に人権尊重を教えてくれた筈のアメリカで、仮にゴミ屋敷を放置して近隣の住民の人権を侵害しているのを行政が放置していたとすると、集団訴訟で巨額の賠償額を払う羽目になるはずである。

2. 騒音公害問題

はた迷惑な街宣車を何故取り締まらないのか調べていたら驚くような発見があった。街宣車は、救急車、消防車、警察車などの緊急車両と同様に、国土交通省の定める放送宣伝車という特種用途自動車の一つとして自動車税でも大変な優遇を受けているのである。1991年3月末時点で4622台登録されていたのが2000年3月末には6万5583台と14倍にも増加している。[4]

弁護士ドットコム[5]によると、街宣活動を規制する法律・条例には、騒音規制法・迷惑防止条例のほか、生活安全条例・環境保全条例・屋外広告物条例があるが、どの法律や条例も街宣活動の内容自体は規制していない。「なぜなら、公衆の往来する場所で、自らの主張を訴えることは、日本国憲法21条が保障する基本的人権『集会、結社及び言論、出版その他一切の表現の自由』の表れだから。大日本帝国憲法の時代も、表現の自由は保障されていた（同29条）。しかし、『法律の範囲内』とされていたため、治安警察法、出版物条例等の法律によって、実際には厳しく規制されていた。日本国憲法下では、帝国憲法下の言論統制に対する反省から、表現の自由に対する制約は必要最小限度でなければならない

---

4) http://web.kyoto-inet.or.jp/people/george/newpage033.htm
5) https://www.bengo4.com/c_1012/c_1110/c_1249/n_3488/

Ⅲ　平成から積み残した観光日本の課題

と解されている。」

　放送宣伝車を所有しているのは政治団体だけではない。企業の
PR活動などにも使用され、騒音公害が拡大の一途をたどっている。

　閑静な住宅街を大音量の拡声器を鳴らして巡回する廃品回収車
にも迷惑している地域は多い。

　こんな騒音公害を奨励し、放置する国はとても先進国とは言え
ないし、観光立国の看板が泣く。改元を機に昭和の負の遺産と平
成の積み残しの課題を解消したいものである。

　日本社会の至るところに溢れるアナウンスや注意書きも騒音や
看板公害並みに煩わしい。作家の竹田恒泰は言う。「危険を防止
するというより、何か事故が起った際、責任を負うリスクを公共
機関や企業が避けようとしているからでしょう。」同感である。
本当に危険が迫った時の重要なアナウンスまで聞き流される危険
があり、百害あって一利なしのたぐいである。

3．花粉症の震源地・荒廃した奥多摩人工林の放置問題

　長年適切な間伐を怠ってきたつけにより、花粉症震源地として
の被害だけでなく、土壌流出による土砂災害、シカ被害が拡大す
る奥多摩の人工林放置問題も無視できない。

　「混植・密植型植樹」(土地本来の潜在自然植生の木群を中心に、
その森を構成している多数の種類の樹種を混ぜて植樹する)を提
唱し活動している宮脇昭[6]の指導を得て、一気に変えるべきである。

　日本は戦前も戦後も、海外の砂漠化した荒地を緑化し、人々が
豊かに暮らせるよう多大の貢献をしてきた国である。例えば、イ

---

6)横浜国立大学名誉教授

ンドの広大な砂漠を、私財100億円以上を投じてインド最大の穀倉地帯に生まれ変わらせた杉山龍丸(1919-1987)[7]や、戦乱とテロの危険地帯アフガニスタンにおいて砂漠化した地域に水路を張り巡らせ、農地復活を次々と実現している中村哲医師(71歳)[8]、70歳を超えてからネパールの標高2750mの最貧地区ムスタンでの果樹栽培の指導、小学校や病院の建設、世界最高地において稲作を成功させたスーパーボランティアの近藤亨(1921-2016)[9]を輩出している国である。

　世界の砂漠や荒地を緑の楽園にした日本人はこの3人に留まらない。そんな偉人のお膝元の奥多摩が、下図のように私有林が多いという理由で手をこまねいているという。

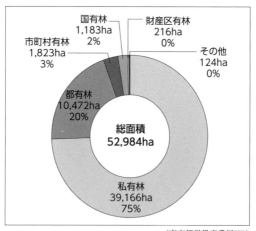

(東京都労働産業局HP)

7)インドのGreen Fatherとして今でも敬愛されている偉人
8)「アフガン支援の中村哲医師、同国大統領から叙勲」日経2018/2/27 https://www.nikkei.com/article/DGXMZO27458930X20C18A2ACYZ00/
「アフガンの地で中村哲医師からの報告」
https://www.nishinippon.co.jp/nnp/world/article/421815/
9)近藤亨「ネパール・ムスタン物語」単行本、2006年

Ⅲ　平成から積み残した観光日本の課題

　戦後の日本では、ゴミ屋敷問題の放置もそうだが、憲法や民法などで公共の福祉による制約や権利の濫用を許さないとなっているのを無視して、法治主義というより人治主義でモンスタークレイマーを増長させてきた弊害が目に余る。改元の機会に積年の課題を一気に解決したいものである。

　最近、飲食店やコンビニの高校生アルバイトが食材などで悪ふざけをする動画を交流サイト（SNS）に投稿し、企業が謝罪に追い込まれるトラブルが相次いでいる。[10]仲間内での受けを狙った動画が外部に流出、拡散したケースが目に付くが、これも大人がゴミ屋敷で好き放題をしたり、大人のモンスタークレイマーが店員に土下座を強いたりするのが許されていることの悪影響の一つと考える。

4．景観保存・修復

　東洋文化研究者のアレックス・カーは、ジャーナリストの清野由美との共著「観光亡国論」の中で、『日本、とりわけ過疎化が進む日本の田舎には、信じられないほど美しかったり、心をわしづかみされたりする眺めがあります。』として秋田県羽後町を例示している。清野は『過疎の一言で片付けられてしまいそうな小さな町ですが、ここには古くから伝わる茅葺き民家が数十棟も残っています。知名度がないゆえ、観光汚染にもいまだ無縁で、峠から眺めた繊細な田園風景は、海外の数々の名所に匹敵するものでした。』カーは続けて『今残っている茅葺き民家を整備し直せ

---

10) 日本経済新聞2019年5月13日号
　　https://www.nikkei.com/article/DGXMZO41440830Z10C19A2CC0000/

ば、羽後町は世界に通用するＡ級観光地となる可能性があります。そして、そのような手つかずで埋もれた土地や文化が日本にはたくさんある。それなのに、わざわざファンキーで、汚らしい景観を観光の売り物にしてしまえば、日本にはＢ級しかない、という評判が世界に広まり、今度はＡ級のものまでＢ級を眺める目で見られてしまいます。』と警告している。

　なお、羽後町には古くから伝えられる日本三大盆踊りの一つ「西馬音内盆踊り」がある。地方の景観保存・修復と伝統文化の保存・継承は一体となって取り組むべき課題である。11)

　日本が誇る世界遺産の白川郷・五箇山の合掌造り集落であっても、また重要伝統的建造物群保存地区の大内宿、海野宿、津和野や萩、鹿児島県の知覧、出水麓式と蒲生の３大武家屋敷群も、中山道木曽11宿の多くの宿場も、江戸時代を彷彿させる魅力的な古い商家や宿などが現存または修復されているが、安っぽいモダンな家屋が点在し旅行者を白けさせる。例外は妻籠宿ぐらいである。

　ゾーニングが徹底している欧米では考えられないぶち壊しである。私権の濫用を見て見ぬふりをしてきたつけである。

　一方、国や都道府県も重要伝統的建造物群や保存地区を指定した建造物所有者には税制上の優遇措置や修復費用、維持費用などの面で手厚い支援を怠ってきたつけを払っているのである。世界文化遺産地域連絡会議(会長門川大作京都市長)が2013年8月に取りまとめた「世界文化遺産の永続的保全とその持続的活用を目指して」を見る限り、世界文化遺産ですら国や都道府県、市町村の

---

11)（一財）地域伝統芸能活用センターhttp://www.dentogeino.or.jpは「祭りに参加する人を募集したいとする地域」と「祭りに参加したい一般の人々」とを結びつけるためのサイト「まつりーとサイト」を運営している。
　「まつりーとサイト」

Ⅲ　平成から積み残した観光日本の課題

財政支援が余りにも貧弱である。文化遺産や歴史遺産の保存・修復のためには文化庁に潤沢な資金を配賦し、一元的に管理せしめることに踏み切るべきである。

　なお、修復に際しては、"オリジナル原理主義"に固守せず、現代に生きる住民が快適に生活できるよう、例えばトイレはシャワートイレにエアコンの室外機や自販機のカラーやデザインも伝統的建物の風情を損なわないものを調達すべきである。住民がアンティークに囲まれた快適な生活ができるようステークホルダー全員が知恵を絞り、白川郷や五箇山の合掌造り集落に泊まると江戸時代にタイムスリップできるよう、ホスト側もゲスト側も着衣なども工夫してもらいたい。専門家[12]に言わせると、現代のあらゆる建築材料と技術をもってしても茅葺きの持つ断熱性・保温性・雨仕舞・通気性・吸音性を兼ね備えた屋根をつくりあげることは並大抵ではないそうだ。一方で、茅葺き屋根の最大の弱点は火事に弱いことだが、センサーと消火ロボットなど最新のテクノロジーの進展を活かせば解決不可能とは思えない。

　全国の歴史地区や歴史的街道の修復を一斉に取り組むのであれば、ススキの茅場の整備もビジネスとして成り立つようになろう。

5．遅々として進まない無電柱化

　無電柱化(電線地中化)のメリットについては既に国民的コンセンサスができあがっているのではなかろうか。景観が良くなる、停電が減る、地震や台風に強い、防犯上の利点、バリアフリー化が進む、交通事故が減る。いいこと尽くめである。

---

12)かやぶき工舎　http://www.kayabuki.info/tisiki.html

177

国土交通省のHPにおいても、ロンドンやパリの無電柱化率が100%、台北市が85%、ホーチミン市17%に対し、わが東京23区は7%、大阪市5%だという。

自然災害の多さと道路の狭さでは、世界の多くの都市に決して負けない東京23区や大阪市内で無電柱化が遅々として進まない理由は何なのか。建設コストが高い？　多くの関係者の同意が必要なため工期が長い？　言い訳はもうたくさんである。

6．シェアリング・エコノミーの世界的な台頭への対応

世界中がネットで繋がる時代を迎えて、AirbnbやUberなどのシェアリング・エコノミーが世界の旅行・観光業界を席捲している。日本もこの流れに逆らっていては観光大国への道は遠のく。民泊新法も施行になったが、問題山積みのままの出発といわれても仕方がない。

しかし、国内で民泊などを許容する空気を醸成するには、まず違法民泊や白タクなどをしっかり取締り、正直者が損をすることがない安心安全な体制をつくることから始めるべきである。取締りや摘発がないということは、事実上は合法と取る人も今の日本には多数存在する。かつて、アジアからの団体旅行に白バスが使用され続けていた時代があったが、警察がたった一度だけ一斉取り締まりを行ったに過ぎないが、その後白バスを使うケースが激減したという事例がある。[13]

違法民泊については低価格につられて泊まる人が日本での滞在

---

13) アジアの旅行会社の大半が顧客満足度向上のためには宝石店派遣の白バスなど使いたくはなかったが、他社との価格競争上やむなく続けていたという。日本が取り締まってくれたので助かったと後日コメントしている。

に好印象を持って帰ることになるか疑問が残る。しっかりと取り締まり、違法民泊を許さないことがリピーター獲得のためにも大切ではないか。

違法民泊が一掃された暁には民泊の営業日の制限などは再考すべきである。特に宿泊施設が不足している地方などでは、滞在型の旅行を奨励するためにも弾力的に対応すべきである。

7．海外における観光日本のブランド力アップ

海外における観光日本のブランド力は現時点では非常に高い。

1. FutureBrand社[14]の国家ブランド・インデックス・ランキングの最新版(2019)で日本が世界1位の座を前回調査(2014)に引き続き獲得した。2位以下のトップ10の国々は、ノルウェー、スイス、スウェーデン、フィンランド、ドイツ、デンマーク、カナダ、オーストリア、ルクセンブルクである。因みに世界の観光大国トップ5の国々のブランド・ランキングは、フランス17位、スペイン23位、米国12位、中国29位、イタリア14位であった。

2. 日本は、都市のブランド力の方でも最近は大健闘。米有力月刊旅行誌「Travel & Leisure」の2015年の世界の人気都市ランキングで、京都市が2年連続で世界一に、英総合月刊誌「Monocle」でも東京が世界一「住みよい都市」に選ばれた。

3. 競争力の国際比較では、あのDavos会議で有名な世界経済フ

14）ニューヨークに本拠を置くブランド・コンサルティング会社で英国のIPGのグループ会社。2019調査では75カ国を対象に各国への訪問者(計2500人)にそれぞれの国の文化、経済力、観光、価値観、生活の質などの指標から調査対象国のブランド力を評価してもらったデータに世銀の情報を加味してランク付けしている。

ォーラムが発表する「旅行・観光競争力ランキング」において
も日本はスペイン、フランス、ドイツに次ぐ世界第4位に躍進。

　かつては東京が世界一旅行物価が高い都市として悪名を馳せて
きたのとは様変わりである。
　何故、ここまで観光日本の評判が急にアップしたのか。理由は
勿論一つではない。筆者の独断でいくつかあげると。
①東日本大震災時の津波の猛威とその後の被災者の民度の高さに
　（あれ程の悲劇と危険の中でも被災者が互いに譲り合う姿に）世
　界が感動してくれたこと。かつては戦後の急速な日本経済の復
　活に西側諸国は敬意を抱いても“エコノミック・アニマル”と
　して親しむ対象とは見られていなかった中での未曽有の大災害
　の悲劇への同情と感動で、対日イメージのパラダイムシフトが
　起こったこと。
②日本のマンガやアニメに子供の頃から馴染んできた世代が世論
　をリードする時代になったこと（中国においては江沢民時代か
　ら反日教育・宣伝が激しくなったが、多くの中国人はマンガや
　アニメ、ゲームを通じて日本に親しみを持った層も少なくない
　といわれる）。
③日本人と海外で出逢い、知り合った人も、日本国内で日本人と
　知り合った人も日本人の控え目な親切さや誠実さをネット社会
　を反映して発信してくれるようになったこと。
④和食が世界的なブームになったことと、日本が長期のデフレ傾
　向のせいで“本場”の和食が手頃な価格でA級からB級まで楽
　しめるようになったこと。そのため訪日客もSNSで直ぐグルメ
　情報を発信し、ブームが長続きしていると見られること。
　和食や日本酒に対する関心と興味は当分続くものと期待される

Ⅲ　平成から積み残した観光日本の課題

が、東日本大震災時に起こった対日イメージの劇的向上も時間と共に風化するはずである。

しかし、日本に対する好意的イメージもいつまでも続く保証はない。

日本のマスメディアは報道しないが、反日キャンペーンを海外においても大々的に行っている国が複数存在する。

荒唐無稽なハリウッドの反日映画が跡を絶たない。映画の影響を軽視するのは危険である。

日本人は古来より相手が人であれ国であれ、陰で悪口を言うのを潔しとしないし、言われてもいちいち反論しないできた。そのため国際的な情報戦では後手後手にまわるだけで無く、反撃しないのは日本に非があるためと海外では誤解されている。

このジレンマはどうすれば克服できるのか？

おわりに

日本が苦手の情報戦で一方的な“いじめられっ子”から脱却する一つの方法は、世界の世論形成に今でも強い影響力を持つ欧米の学者や研究者を味方にすることから始めることである。彼らに潤沢な学術調査・学術研究費を用意し、日本の歴史や文化について、史実に基づく、本格的な調査と研究をしてもらい、その成果を発表、発信してもらうのが早道ではないだろうか。そのためには、日本歴史・日本文化研究基金(仮称)のようなものを日本政府と財界が共同で拠出して海外に創設することが望ましい。この構想については日本人以上に日本を知る在日英国人のヘンリー・ストークス氏[15]やデービッド・アトキンソン氏、在日米国人のケント・ギルバート[16]氏やアレックス・カー氏などの賢人に知恵を拝

181

借するのが賢明であろう。

なお、この基金では日本に批判的な研究であっても史実に基づくものである限り排除してはならない。歴史上繰り返し現れた日本および日本人の持つ悪癖や弱点についての調査や研究はむしろ奨励するのが望ましい。

幸い、日本は太古の縄文時代から現代までその歴史を世界中の人々に精査してもらって困惑することはほとんどない。

観光日本の長期的発展のためだけでなく日本の安全保障のためにも情報戦に遅れをとり続けることにここらでストップをかけたい。

参考文献

・アレックス・カー、清野由美「観光亡国論」中公新書ラクレ、2019年

・デービッド・アトキンソン「日本人の勝算」東洋経済新報社、2019年

・デービッド・アトキンソン「新・観光立国論」東洋経済新報社、2015年

・ジム・ロジャーズ「お金の流れで読む日本と世界の未来」PHP新書、2019年

・須田寛「図でみる観光」交通新聞社、2018年

15）産経ニュース2015/6/29「ヘンリー・S・ストークス（1）日本は白人支配からアジアを解放した」https://www.sankei.com/life/news/150629/lif1506290022-n1.html

16）ケント・ギルバート著作集https://www.amazon.co.jp/s?k=ケントギルバート本&adgrpid=52140342886&gclid=EAIaIQobChMIq7DmuIjF4gIVRamWCh0JmQ6xEAAYASAAEgKVzvD_BwE&hvadid=338577200774&hvdev=c&hvlocphy=1009310&hvnetw=g&hvpos=1t1&hvqmt=e&hvrand=1026035267802631049&hvtargid=kwd-441032205557&hydadcr=18922_11034211&jp-ad-ap=0&tag=googhydr-22&ref=pd_sl_8nlc9fc719_e

Ⅳ　日本の住居表示の問題点

1．日本の住居表示……………………………………… 184
2．外国の住居表示……………………………………… 191
3．「街区方式」と「道路方式」の実際 …………… 198
4．世界標準をめざして ……………………………… 199

昨年(2018)暮、郵便局で久し振りに「郵便番号簿」を手にした。今では宛名ソフトを使えば、「郵便番号簿」を使わなくても住所を入れれば郵便番号は自動で出てくるので、手元にある必要性は低い。

　郵便番号導入50年、1998年の7桁の郵便番号の実施から20年ということで、「郵便番号簿」が珍しく郵便局に並べられていた。

　郵便番号が7桁化された頃、「郵便番号簿」をパラパラと見たことがある。各頁の脇につけられた黒い見出しの厚みを見て、京都府が多くの頁を占め、その原因が京都市であることが分かった。郵便番号について、京都市は他の都市とは別の方式を採っているのだろうか。

1．日本の住居表示

①「郵便番号簿」の頁数

　郵便番号は、郵便の集配局を番号化したもので、上3桁または5桁の部分は「郵便区番号」といい、郵便物の配達を受け持つ郵便局であり、それに続く番号が町名を表わすので、郵便番号を書けば、後は丁目・地番を書くだけで届くことになっている。しかし、送り先に郵便番号と丁目・地番と宛名ではいかにも手抜きで、中味の文章も手抜きの手紙と思われてしまいかねず、なかなかそこまでは踏み切れない。

　「郵便番号簿」はA4判・368頁、うち郵便番号に使われているのは345頁である。頁脇の黒い見出しの頁数を見ると、関東・山梨、1都7県が53頁(約15%)、近畿2府4県が56頁(約18%)となっている(1頁6列)。東京都23区2頁5列、大阪市24区1頁3.5列、京都市11区12頁5.7列と圧倒的に京都市の頁数が多い。

Ⅳ 日本の住居表示の問題点

図1　（2018年度版郵便番号簿から作成）

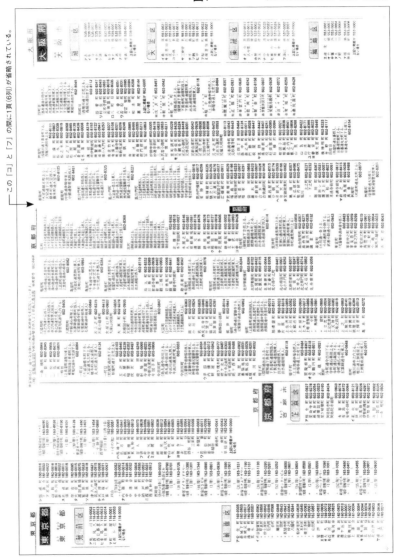

京都市の中でも、上京区だけで2頁1列あり、東京23区に匹敵する。さらに下京区2頁0.7列、中京区1頁5列と3区で半分を占める。

　東京都区部では、新宿区2列、千代田区1.6列、中央区0.8列と、旧町名を多く残した牛込地区を含む新宿でも、高層複合ビル14棟0.9列を含み2列であり、千代田区では11棟0.9列、中央区では5棟0.3列である（複合ビルのうち1棟で1社とか、ホテルの場合、「郵便番号簿」には記載されていない。具体的には新宿区の場合、京王プラザホテル、ハイアットリージェンシー東京、ヒルトン東京、KDDIビル等が「郵便番号簿」には記載されていない）。

　荒川区は8行と、東京では記載町名数が最少である。鉄道駅では「町屋」という町名はあるが「三河島」は無い。

　大阪市では中央区が1列強を占めるが、福島区8行、旭区12行、大正区・東成区13行と行数の少ない区がある。

　このように、京都市の旧市街ともいえる3区は、東京都・大阪市の区部全体を上回る頁数を占め、多くの町名が残っている。

②新潮選書「住所と地名の大研究」（今尾恵介著2004.3.20 新潮社）に日本の住居表示について的確な説明があるので関連部分を一部略して引用させていただく（引用部分を太字で示す）。

Ⅳ．日本の住居表示はどこが問題か

　住居表示に関する法律（昭和37年 法律第119号；著者注）、いわゆる住居表示法が施行されたのは東京オリンピックの2年前にあたる昭和37年（1962）のことであった。「オリンピックまでに外人さんにもわかりやすい住所を」という気運のもと、地番を用いた従来の住所の表示とは別の合理的なシステム、と銘

Ⅳ　日本の住居表示の問題点

打って導入されたのがこの「住居表示」である。

不動産登記番号（地番）を流用する不便

　（前略）地番を用いた住所の表示というのは、（中略）　明治初期に地租改正で土地への課税のために付けた地番で、（中略）分筆すれば支号（枝番号）が発生し、合筆すれば欠番が生じるようになった。（中略）

　そこで分筆や合筆などに左右されない、合理的な住所の表示方法が検討された。（中略）住居表示法第2条には「市街地にある住所を　（中略）　表示するには（中略）次の各号のいずれかの方法によるものとする」（中略）。

　一　街区方式　道路　（中略）　によって区画された地域につけられる符号（後略）

　二　道路方式　市町村内の道路の名称及び当該道路に接し、又は当該道路に通ずる通路を有する建物その他の工作物につけられる住所番号を用いて表示する方法をいう。

　このうち「二　道路方式」は欧米のように通りの両側に住居番号を奇数・偶数に分けて順番に付けていくものだが、なぜか日本の都市には適合しにくいとして、もし採用するなら自治省へ届け出ること、という規定（事実上採用するなというメッセージらしい）があって、実際に現在日本で用いられているのは、筆者が調べた限りでは山形県東根市だけらしい。（中略）

　藤沢市のホームページでは住居表示のメリットとして次の4項目を挙げている。

・初めて家を訪ねる場合も、探したい家が見つけやすくなります。

・緊急を要する場合にパトロールカー、救急車、消防自動車等がより早く現場に急行できます。

・郵便物、小荷物、電報などが早く正確に配達されるようになります。
・各種の行政事務がスムーズになります。

　いずれも裏を返せば、従来使われてきた地番利用による住所の表示方法の欠点ということができる。(中略)　住居表示の速やかな実施に民間から協力するために設立された「住居表示協力会」(日本商工会議所をはじめ電力、運輸、マスコミなど幅広い分野の団体・個人が参加)は、住居表示法施行後に出した『住居表示の友』(昭和39年)で、その効能を次のようにPRしている。

　「だいいち救急車が迷わなくなるので助かりそうもない命も助かるようになる。(中略)　犯罪の発生場所が的確に摑めるし、捜索も楽になったといわれた。往診の医者が道に迷いそうだが、もう迷はなくなる。百貨店の配達、保険会社の集金、(中略)なども楽になろうし、オート三輪を路上に留めて家捜ししているうちに歳暮の鮭がなくなってアルバイトの学生が泣きだす心配はさらさらなくなる。」

「住居表示」が登場するまでの経緯

　昭和37年(1962)に住居表示法が成立するまでの経緯を簡単に述べておこう。わかりやすい住居表示のシステムづくりについては戦前から研究が行われ、町名地番整理事業などで改善が行われ、(中略)昭和30年(1955)に「町名地番整理研究会」が発足。(中略)

　理事長に就任した小栗忠七氏は、もと内務省の大臣官房都市計画課に勤務した区画整理の専門家　(中略)、『現代「地名」考』(谷川健一編著)には次のような氏の論文の一節が引用されている。

IV　日本の住居表示の問題点

「(中略) ２～３字以内で付けてこそその恩恵を受けることが
できると思う」(番地整理促進協議会編『文化生活と町名番
地』)
「都市の建設がいづれも古いので、(中略)複雑怪奇な町名や、
全く意義をなさない字名が多いことに、誰しも驚かないもの
はないであろう」(『所の研究』)

　(中略)符号のように没個性な地名の羅列は、本来の意味で合
理的ではないのだが、とにかくこのような人物が理事長に就任
する状況が、その後の住居表示議論の方向性に与えた影響は少
なからぬものがあったはずだ。ちなみに、先ほどの「歳暮の
鮭」の文章を書いたのも、住居表示の普及に熱心に取り組んだ
小栗氏である。
　研究会発足の４年後には「番地整理促進協議会」が立ち上げ
られた。メンバーは郵政省、電電公社、東京都、東京電力、日
本通運、日本百貨店協会、全国市町会、日本商工会議所、
NHK、日本新聞協会など広範囲にわたり、(後略)
　まず従来の地番制度とは別の合理的な住居表示方法を定め、
(中略)具体的には欧米で行われているハウスナンバー制を参考
にして建物に番号をつける、という主旨であった。
主旨はよくても実施されたのは……
　法律には必ず実施基準が伴っているが、(中略)町界は道路、
鉄道、河川、水路などで区分すること、(中略)「通りを挟んだ両
側が同一の町」という伝統を否定することになったのだ。特に
家の背中合わせのラインを境界としてきた(背割り町界)城下町
など、新住居表示を正直に実施したら従来の町域は半分ずつず
らさなければならない。従来の町のコミュニティは分断され、

189

行政の地名と祭礼など重要な活動の中心となる町内会の境界が
ずれる、という大きな問題が起こったのである。

由緒ある小さな町を滅ぼした「実施基準」

　（前略）ヨーロッパの都市なら通りと番地を言うだけでタクシ
ーは目的地へ連れていってくれるのに、（中略）

　（前略）「町名抹消事業」に気付き、（中略）一部地域（たとえば
新宿区の牛込地区など）を除き、事業は粛々と進められ、現在
に至っている。

　結果的に我国の多くの地区の住居表示は「街区方式」になった。
興味をお持ちの方は、「住所と地名の大研究」をお読み頂きたい。

③「郵便番号簿」の京都市・東京都23区・大阪市の実態

　「郵便番号簿」で東京・京都・大阪の住居表示状況を見てみよ
う。

　「郵便番号簿」がすっきりしている東京都荒川区や大阪市福島
区が、果たして訪れる人に分り易く、海外からの方にもわかりや
すい住所であっただろうか。

「住所と地名の大研究」から再び引用する。

　（前略）三方を山に囲まれた京都は方角を把握するのが容易で、
「東入る」「西入る」が誰にも理解しやすいことが、この座標方
式の普及を助けたかもしれない。（後略）

　丸竹夷二押御池　姉三六角蛸錦　四綾仏高松万五条

　これは東西の通り名を丸太町通から五条通までを並べたもの
で、（後略）

Ⅳ　日本の住居表示の問題点

丸	丸太町通	姉	姉小路通	四	四条通
竹	竹屋町通	三	三条通	綾	綾小路通
夷	夷川通	六角	六角通	仏	仏光寺通
二	二条通	蛸	蛸薬師通	高	高辻通
押	押小路通	錦	錦小路	松	松原通
御池	御池通			万	万寿寺通
				五条	五条通

（前略）江戸時代では寺子屋で地理を教えるときに、このような七語調にして身近な地域の地誌を子供に暗誦させたという。（後略）

　四国の藩名を「いよー　狸が　粟を　食ったとさ」（伊予・讃岐・阿波・土佐）と習った覚えがある（愛媛県・香川県・徳島県・高知県）。

2．外国の住居表示

①1965年8月、フランス　パリ

　私が海外の地で住所を訪ねたのは、1965年8月、フランス・パリの日本大使館であった。その頃、大使館は今と同じ、7 Avenue Hoche Parisにあった。Avenue Hocheは、シャンゼリゼ大通り（Avenue des Champs-Elysees）の緩やかな坂の上に聳える凱旋門（Arc de Triomphe）のある、Place de L' Etoileから出る通り。シャンゼリゼから右へ2本目にある。フランスの8月はVacance。知り合いは不在だった。

図2

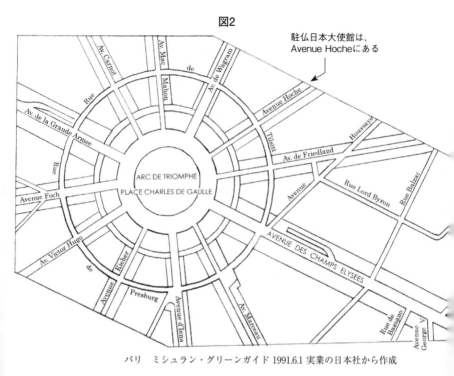

パリ　ミシュラン・グリーンガイド 1991.6.1 実業の日本社から作成

②1966年2〜4月の台湾・台北

台北では訪ねる家は無かったが、街には中山北路・南路、忠孝西路・東路、武昌街等、の表示が目立ち、町名が表示されるのではなく道に名前が付けられていた。

③1975年1月、イタリア　ローマ

1975年1月にはローマを訪れた。従兄が、サッカーの中田が在籍したイタリアのペルージャの大学に留学し、この時期ローマに

下宿していた。ローマ・テルミニ駅の広いロッカー・ルームのロッカーの上そこら中に、道路名を収録した本が置かれていた。大きさは昔の東京の電話帳並み、厚さ6～7cmはあろうかというものであった。それを見て、バスで下宿先に向かった。ここでも不在で会えなかった。

④1972年2月、ブラジル　サン・パウロ

　1972年、南米のブラジルを訪れた。2月の4週間を使った日程であった。この年には、浅間山荘事件が起こり、札幌オリンピックが開催された。ブラジルは丁度カーニバルの行われる夏。しかし、カーニバルで有名なリオ・デ・ジャネイロには足を踏み入れなかった。もっぱら、サン・パウロを起点に北西にサン・ジョアン・デル・レイへ、南にポルト・アレグレに旅した。最後に、イグアスの滝やペルーのマチュピチュに泊まり、チチカカ湖を見て、東京に帰り着いたのは2月末。南米にいる間、浅間山荘事件や札幌オリンピックの報道に接することはなく、この時代、冬季オリンピックは北半球の出来事で、南半球では話題にもならなかった。ペルーのリマの飛行場を発ったヴァリグ航空の機内で、里帰りする日系人の会話で、ようやくスキーのジャンプ競技で札幌に3本の日章旗が掲げられたことを知った。

　ブラジルの言葉はポルトガル語だ。1481年、ローマ教皇が発した教書「アエテルニ・レギス」で、世界をスペインとポルトガルとで半分ずつに分けた。その後、1494年、トラデシリャス条約によって、西経46度37分から西はスペインに、東をポルトガルに変更され、ブラジルはポルトガルの取り分となった。一方、1543年、種子島に鉄砲を伝えたのがポルトガル人であったのは、トラデシリャス条約で引かれた子午線の太平洋側にあたる、1529年のサラ

ゴサ条約によって、種子島あたりはポルトガルの取り分に引っか
かったからだ。

　ブラジルに着いて最も驚かされたのは、話し相手の様相・顔形
で慮ることなく、ポルトガル語で対応する人びとの姿にであった。
どの人にも、自分の最も得意な言語で語りかける。この所作こそ
インターナショナル・国際性の原点なのだと気づかされた。もっ
とも人種の坩堝といわれ、多くの人種の住むこの国で、人種や皮
膚・髪の毛の色等で「何語で話す人かな？」などということを、
考えることが煩わしいに違いない。

　さて、この国を訪れた目的は、汽車の写真を撮ることであった。
1971年、７人の仲間と、それまで撮りためた、日本、台湾、イン
ドの汽車の写真集「鉄道讃歌」を出版し、当時大学３年生であっ
た仲間のひとりが、旅費の一部を「鉄道讃歌」の印税で賄い、ブ
ラジルに渡った。日本の23倍の国土を持つブラジルの訪問地を、
数多くある汽車のありそうな地名から、浅草の占い師に選んで貰
い、その結果、既に記したサン・ジョアン・デル・レイ、ポル
ト・アレグレのそばのツバロン、サン・パウロ近郊のペルスに、
素晴しい鉄道を見つけたのだ。私は翌年、それらの地を訪れた。

　当時、ブラジルに行くのは時間も費用も相当かかることから、
汽車の写真撮影の大先輩・Ｎ氏から、この機会を利用して、ブラ
ジル、サン・パウロに移住した友人に、天賞堂製の模型の機関車
を届けることを託された。それが、サン・パウロの住居表示を知
る端緒となった。

　サン・パウロの住居表示も、パリや台北と同様、道に名前が付
いていて、通りの左右に奇数・偶数で表示されている。世界中の
都市の道の左右の番号は、奇数・偶数になっていて、その数が
段々増えていくようにふられ、番号は建物に基づいて付けられる

194

のので、建物の大きさなどによって、向き合った数にずれが生じる場合が多い。しかし、サン・パウロの場合この奇数・偶数の単位がm(メートル)であった。従って土地・建物の間口の広さによっては番号が飛ぶが、奇数・偶数のずれはほとんど生じない。驚くべき地番表示となっていた。

模型の機関車をお届けした家は、道路名は忘れたが、たしか2000番台であった。道の始まりから2000m歩くと、そこに件のお宅はあった。そして道の始まり、即ち一番若い方向は、サン・パウロの主教大聖堂(Catedral da Se Sao Paulo)。大聖堂前の広場に起点となる道路元標がある。

⑤外国都市の通りと地番(通りの種類)

「住所と地名の大研究」から

パリ　rue　boulevard　avenue　passage　impasse　allée
　　　villa　cite　quai
ロンドン　street　road　lane　row　avenue　passage　way
マンハイム・ベルリン・ウィーン　straße　kai
ヴェネツィア　calle　ruga　salizzada　sottoportico
　　　　　　　rio-terra　fondamenta
　　　　　　　(運河)canale　rio
ニューヨーク　street(東西・丁目)　avenue(南北・番街)
サンフランシスコ(アメリカの通り名)
　street avenue boulevard road way court　drive　place
ソウル　(前略)韓国は(中略)日本による占領時代があった(中略)他に類を見ないほど日本に似ているのだが、このことはあまり知られていないのではないだろうか。(後略)

195

図3

ニューヨークの街路は、南北の通りがAvenue 東西がStreet と名付けられている。
日本の翻訳本では、Streetを「丁目」Avenueを「番街」としている。
5番街56丁目という場合、街区面ではなく、5Avenueと56Streetの交差点の位置を表している。

ニューヨーク　ミシュラン・グリーンガイド 1992.7.1 実業の日本社から作成

特別市	市	区	洞	
広域市	市	区	洞	または
	市	郡	邑(面)	里
それ以外の市	道	市(区)	洞	街
郡部	道	郡	邑(面)	里

台　湾　（前略）日本の敗戦で「台湾省各県市街道路名称改正弁
　　　法」が公布された。これは日本統治時代の影響を除去
　　　するため次のような町名を2ヶ月以内に改正する、と
　　　いうものであった。それは

　　①日本人を記念するもの（明治町、大正町、児玉町、乃
　　　木町など）

　　②日本の国威を伸張するもの（大和町、朝日町など）

　　③日本的な名称（梅ヶ枝町、若松町、旭町など）（後略）

　　　路―段―巷―弄―号という階層

　　①台北市中山北路二段41号（後略）

　　②台北市光復南路180巷4号1楼（後略）

　　③台北市仁愛路四段345巷4弄36号（後略）

　　（前略）①の中山北路二段の「二段」は長い通りを中心
　　から区切るもの（後略）

　　②は「路」の後に「180巷（シャン）」があるが、これ
　　は光復南路から入った脇道である「180巷」という通
　　りに面した4番地ということだ。この番地（号）が通り
　　の左右で奇数・偶数に分けられているのは欧米と同様
　　である。なお1楼の「1楼」は建物の番号である。（階
　　数ではないか？：著者注）

　　③では巷の後にさらに「弄（ノン）」が付いているが、

これは345巷のさらに脇道である「4弄」という路地の36号、を意味している。したがって、路だけの住所は表通りに面しており、巷、弄が付くに従って奥まった場所、というのが一見してわかるのだ。

　ここで「住所と地名の大研究」には無いが、マドリッド（スペイン）とリスボン（ポルトガル）の「通りの種類」を掲げておこう。
マドリッドcalle　passo　ronda　cuesta　via　cost　avenida
リスボン　avenida　rua　estrada　　beco　calcada

3. 「街区方式」と「道路方式」の実際

（台湾・台北市の日本時代と現在の住居表示）

　私は、1960年代、度々台湾を訪れた。宿泊はYMCA、台北の駅前にあった（今でも建替えられて同じ場所にあるはず）。レセプションを通り過ぎ外に出、許昌街を西に、博物館に通じる館前路を南に、すぐ漢口街を西、重慶南路一段を横切り、南にある武昌街で中華路一段に出ると、台湾鉄路の高雄へ向かう縦貫線が通っていて、ディーゼルや蒸気機関車が牽引する列車が道の真ん中を走っていた。

　台湾を訪れて半世紀を経、現在のこの地の地図と、日本統治時代のものを並べて見たら、「街区方式」と「道路方式」の違いが良く分かるのではないかと、ようやく気がついた。

　台湾の住居表示は第二次世界大戦以前の日本「街区方式」、戦後、中華民国になってからは「道路方式」である。戦前の地図を見つければ、同じ地図で、「街区方式」と「道路方式」が比べられるに違いない。

Ⅳ　日本の住居表示の問題点

「街区方式」では、「行きかた」を文章で説明するのはむずかしい。それは、目的地に向かう人は、道を進んで行くからである。「街区方式」は立体的な迷路に「鼠」を入れて、「鼠」には進路の情報を一切与えず、上から眺めているようなものだ。「机上の空論」「上から目線」ここに極まれり、といえよう。

1962年、日本の住居表示法施行時、台湾の「街区方式」から「道路方式」への変更の作業手順や手間を謙虚に学ぶ心があったなら、土地所有・課税基準と併存する住居表示方法を考えることも出来たかも知れない。「道路方式」というものが、どこ(どの国・都市)から始まったか明らかではないが、馬車時代の昔からその街に根付き、それを踏襲することによって行われているのではなく、戦後に実施した実例が台湾にあったのだから。

もっとも、1964年まで一般人の海外渡航は許されなかったので、台湾で何が起こったのか知る術はなかったが。

4．世界標準を目指して

「郵便番号簿」がすっきりしている、東京都荒川区や大阪市福島区が、果たして訪れる人にわかりやすく、海外の方にもわかりやすい住所であっただろうか。恐らくカーナビが普及する前、「番地を言うだけでタクシーは目的地へ連れていってくれる」ことはなかったに違いない。わが国で、カーナビが真っ先に普及した事実は、訪れる人に不親切・不便・役立たずの「住居表示」が存在し、永い間、地域にあった文化・歴史を断絶させ、「郵便番号簿」をすっきりさせるだけのものであったと思われる。人が目的地を訪れるとき、上空から目的地を目指すのではない。既に記したように、歩いてにしろ、車で行くにしろ、道を進む。とすれば道を

199

図4 台北市南区街道図(1/5萬台湾地理人文全覧図北島(濁水渓以北)上河文化股分有限公司 2006.3発行)を拡大し作成

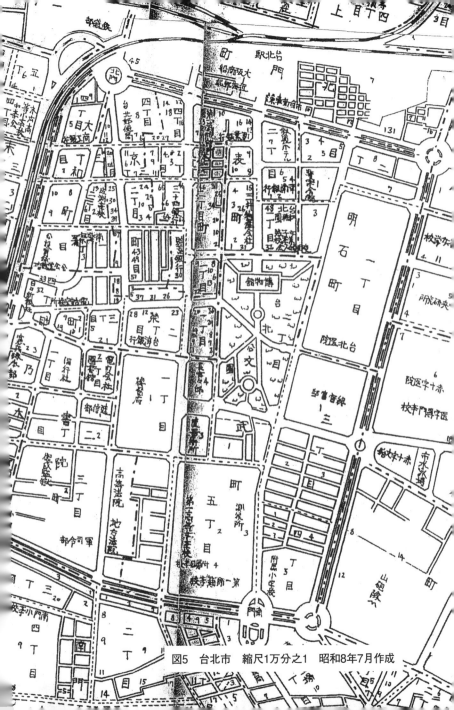

図5 台北市 縮尺1万分之1 昭和8年7月作成

特定する必要があり、その1方法が「道路方式」なのであろう。

　一方、道路から電柱をなくす動き、無電柱化が叫ばれているが、現今、カーナビやスマホなしに住所を頼りに1軒のお宅を訪ねる時、電柱に付けられた町名がどれだけ助けになることか。

　GPSを使ったカーナビやスマホが普及し、場所を探す人にとって町名などどうでもいいことになった。そう、その土地に縁のない人やカーナビやスマホを使う人にとっては、緯度と経度で表してくれたほうが扱いやすいに違いない。

　とすると、逆に今が旧町名を復活する、絶好のチャンスかも知れない。未だ覚えている人がいるうちに。

　多くの訪日客を迎えつつある今、わが国には世界標準に近づけなければならないものが多くある。自動車の右側通行化もその一つであろう。

　しかし、各家にドローンの発着スペースがあり、使うときだけシェアされたドローンを呼び、階段を1段上るように搭乗し、目的地を入力すれば自動運転で目的地に向かい、到着地で降りたら、ドローン自身が近くの空きのある駐機場を探して行って、待っていてくれ、帰りはまた呼べば済むというような時代が、迫りつつある。そうなった時、訳が分らなかろうとその古臭い町名ゆえに、記憶に残りやすく、癒され、それによってぼけや認知症からまぬがれる人がいると思うのである。

あとがき

〝観光立国〟をめざして近年日本の観光は着実にその歩みを進めてきました。訪日外国人の急増等主な観光地の観光事情は一変し、その賑わいを取り戻しつつあります。反面、最近の観光にはふたつの大きい変化があらわれ、それが今後の観光に課題を提起するに至りました。

第一は国際化の急進であり、第二はリピーター(再訪客)の著増であります。

前者は日本の観光が国際的な競争市場に巻き込まれることを意味し、観光の国際競争力の強化が大きい課題となってきます。また後者からは観光資源の「光」の維持、発展、拡充が求められます。

このような課題に対応すべくJAPAN NOW観光情報協会では会員による知見を集めて今後の日本観光への新しい提案として本書を上梓いたしました。学問的見地から、また実務者の立場からそれぞれの立場の違いを活かした特色のある所見、提案が集まりました。ただ筆者の個性をいかすため、あえて全体として論調をまとめること等はせずナマの意見をそのまま紹介しました。読者各位が皆様方の心のなかでこの発表を皆様流に適切にまとめていただくことを期待したからであります。「令和」とは「心をよせあうなかから新しい文化が生まれる」がその心だと聞きます。本書掲載の様々な提案のなかから読者各位が各自の観光として「令和世代の観光」を考える動機づくりに本書を役立てていただくことができれば、編集者としては望外のよろこびであります。

令和元年8月

JAPAN NOW観光情報協会　須田　寛

著者プロフィール

須田　寛(すだ ひろし)

昭和29年日本国有鉄道入社。日本国有鉄道名古屋鉄道管理局長、本社
旅客局長、常務理事などを経て、昭和62年4月東海旅客鉄道(株)代表取
締役社長に就任。その後、代表取締役会長を経て平成16年6月から相
談役。全国産業観光推進協議会会長、JAPAN NOW観光情報協会理事
を務めるほか、観光関係の各種活動に携わっている。

近藤節夫(こんどう　せつお)

エッセイスト。日本ペンクラブ前理事、JAPAN NOW観光情報協会理
事。60年安保闘争、ベトナム反戦運動に参加、爾来アラブ、アフリカ、
アジアの戦時下や内乱中の国々を単独取材。アンマンで軍隊、スエズ
運河で警察に身柄拘束された経験から「現場の臨場感」を重視。訪問
国79カ国、訪問世界遺産192カ所。著書に「南太平洋の剛腕投手」「停
年オヤジの海外武者修行」「現代海外武者修行のすすめ」ほか、共著
に「知の現場」ほかがある。

北村　嵩(きたむら たかし)

JAPAN NOW観光情報協会理事。日本交通公社(のちJTB)に入社後、
ロサンゼルス、ニューヨーク、ホノルルなど米国で12年間勤務。JTB
米国法人副社長兼ニューヨーク支店長、JTB取締役BTS事業部長、
JTBハワイ社長、JTBワールド社長などを歴任。(社)日本観光通訳協会
常務理事兼事務局長を務める。また、松蔭大学観光メディア文化学部
観光文化学科の教授を務める。

澤田利彦(さわだ　としひこ)

JAPAN NOW観光情報協会会員。松蔭大学観光メディア文化学部教授
(平成21年4月～)。昭和41年3月大阪外大(現大阪大学)スペイン語科卒。
同年4月日本政府観光局(JNTO)入社。ニューヨーク、シドニー、シカ
ゴ駐在を経て海外宣伝部長、CB誘致部長、理事(～平成15年6月)。

杉　行夫(すぎ　ゆきお)

JAPAN NOW観光情報協会理事。昭和36年頃から鉄道(蒸気機関車牽
引の列車)の写真を撮り始める。主に九州・北海道。40年、汽車仲間
と「けむりプロ」を創り、記事を鉄道雑誌に投稿。42年小田急電鉄入
社。41年台湾を訪れて以降、44年インド、47年ブラジルに機関車を見
に行く。46年、鉄道写真集「鉄道賛歌」出版。平成24年、「けむりプロ」
の仲間と南軽出版局を創り、毎年約100頁の鉄道写真集を発行。昨年
までに7冊刊行。

新世代の観光立国
ー令和世代への課題と展望ー

（定価はカバーに表示してあります）

2019年8月30日　第1刷発行

編著者　　JAPAN NOW 観光情報協会
発行人　　横　山　裕　司
発行所　　株式会社交通新聞社
　　　　　〒101-0062　東京都千代田区神田駿河台2-3-11
　　　　　NBF御茶ノ水ビル

　　　　　電話　東京（03）6831-6622（販売部）
　　　　　　　　東京（03）6831-6550（編集部）

印刷・製本　凸版印刷㈱

©JAPAN NOW 観光情報協会 2019 Printed in JAPAN
ISBN978-4-330-98919-8

落丁・乱丁本はお取り換えいたします。購入書店名を明記のうえ、
小社販売部宛に直接お送りください。
送料は小社で負担します。